电子商务专业校企双元育人教材系列

全国现代学徒制工作专家指导委员会指导

网店视觉设计与应用
ELECTRONIC COMMERCE

主　编	王子建	河北化工医药职业技术学院
	蔡静怡	北京好药师大药房连锁有限公司
副主编	周智敏	河北化工医药职业技术学院
	解　芳	邯郸市肥乡区职业技术教育中心
编　委	于玉环	河北化工医药职业技术学院
	吕　丽	河北旅游职业学院
	石永洋	广东建设职业技术学院
	宋丽芳	北京农业职业学院
	刘艳艳	宁波技师学院
	王宏兵	石家庄信息工程职业学院
	邢晓军	河北能源职业技术学院
	王　颖	河北商贸学校
	孙佳鑫	厦门一课信息技术服务有限公司
	蔡振宇	厦门一课信息技术服务有限公司

復旦大學出版社

内容提要

本教材由3个模块和14个项目构成。模块一为网店视觉设计基础知识，围绕色彩搭配和平面排版设计两个项目进行概述，重点介绍海报背景色彩搭配和排版，还原照片本色和单页画册设计。模块二为商品图片的基本处理，围绕抠图、图片污点修复、校正产品色差与添加投影、特效文字制作、人物与产品精修5个项目进行实操演示，做到每个项目与商品图片处理方法的案例巧妙对接。模块三为网店主要模块设计与应用，围绕店标、店招、主图、海报、详情页、首页等网店的主要模块进行设计和实操案例演示，重点介绍在店铺装修中的应用。每个项目分为若干学习任务，通过各个任务的学习，使学生具备从事相关岗位工作应掌握的PS应用软件基础知识，能够运用所学知识和能力完成店招制作、店铺首页视觉设计、店铺装修等工作任务。

本教材结构清晰，逻辑严密，案例新颖，具有很强的实用性。它面向电商美工、平面设计、UI设计等学徒岗位，特别适合医药等企业美工设计岗位。本教材既可以作为中职院校、高职院校的电子商务、移动商务、跨境电子商务、电子商务技术等相关专业的教材，也可以作为电子商务相关从业者和社会人士的培训教材。

本套系列教材配有相关的课件、习题等，欢迎教师完整填写学校信息来函免费获取。邮件地址：xdxtzfudan@163.com

序 言 PREFACE

党的十九大要求完善职业教育和培训体系,深化产教融合、校企合作。自2019年1月以来,党中央、国务院先后出台了《国家职业教育改革实施方案》(简称"职教20条")、《中国教育现代化2035》《关于加快推进教育现代化实施方案(2018—2022年)》等引领职业教育发展的纲领性文件,为职业教育的发展指明道路和方向,标志着职业教育进入新的发展阶段。职业教育作为一种教育类型,与普通教育具有同等重要地位,基于产教深度融合、校企合作人才培养模式下的教师、教材、教法"三教"改革,是进一步推动职业教育发展,全面提升人才培养质量的基础。

随着智能制造技术的快速发展,大数据、云计算、物联网的应用越来越广泛,原来的知识体系需要变革。如何实现职业教育教材内容和形式的创新,以适应职业教育转型升级的需要,是一个值得研究的重要问题。国家职业教育教材"十三五"规划提出遵循"创新、协调、绿色、共享、开放"的发展理念,全面提升教材质量,实现教学资源的供给侧改革。"职教20条"提出校企双元开发国家规划教材,倡导使用新型活页式、工作手册式教材并配套开发信息化资源。

为了适应职业教育改革发展的需要,全国现代学徒制工作专家指导委员会积极推动现代学徒制模式下之教材改革。2019年,复旦大学出版社率先出版了"全国现代学徒制医学美容专业'十三五'规划教材系列",并经过几个学期的教学实践,获得教师和学生们的一致好评。在积累了一定的经验后,结合国家对职业教育教材的最新要求,又不断创新完善,继续开发出不同专业(如工业机器人、电子商务等专业)的校企合作双元育人活页式教材,充分利用网络技术手段,将纸质教材与信息化教学资源紧密结合,并配套开发信息化资源、案例和教学项目,建立动态化、立体化的教材和教学资源体系,使专业教材能够跟随信息技术发展和产业升级情况,及时调整更新。

校企合作编写教材,坚持立德树人为根本任务,以校企双元育人,基于工作的学习为基本思路,培养德技双馨、知行合一,具有工匠精神的技术技能人才为目标。将课程思政的教育理念与岗位职业道德规范要求相结合,专业工作岗位(群)的岗位标准与国家职业标准相结合,发挥校企"双元"合作优势,将真实工作任务的关键技能点及工匠精神,以"工程经验""易错点"等形式在教材中再现。

校企合作开发的教材与传统教材相比,具有以下三个特征。

1. 对接标准。基于课程标准合作编写和开发符合生产实际和行业最新趋势的教材,而这些课程标准有机对接了岗位标准。岗位标准是基于专业岗位群的职业能力分析,从专业能力和职业素养两个维度,分析岗位能力应具备的知识、素质、技能、态度及方法,形成的职业能力点,从而构成专业的岗位标准。再将工作领域的岗位标准与教育标准融合,转化为教材编写使用的课程标准,教材内容结构突破了传统教材的篇章结构,突出了学生能力培养。

2. 任务驱动。教材以专业(群)主要岗位的工作过程为主线,以典型工作任务驱动知识和技能的学习,让学生在"做中学",在"会做"的同时,用心领悟"为什么做",应具备"哪些职业素养",教材结构和内容符合技术技能人才培养的基本要求,也体现了基于工作的学习。

3. 多元受众。不断改革创新,促进岗位成才。教材由企业有丰富实践经验的技术专家和职业院校具备双师素质、教学经验丰富的一线专业教师共同编写。教材内容体现理论知识与实际应用相结合,衔接各专业"1+X"证书内容,引入职业资格技能等级考核标准、岗位评价标准及综合职业能力评价标准,形成立体多元的教学评价标准。既能满足学历教育需求,也能满足职业培训需求。教材可供职业院校教师教学、行业企业员工培训、岗位技能认证培训等多元使用。

校企双元育人系列教材的开发对于当前职业教育"三教"改革具有重要意义。它不仅是校企双元育人人才培养模式改革成果的重要形式之一,更是对职业教育现实需求的重要回应。作为校企双元育人探索所形成的这些教材,其开发路径与方法能为相关专业提供借鉴,起到抛砖引玉的作用。

全国现代学徒制工作专家指导委员会主任委员
广东建设职业技术学院校长

博士,教授
2020 年 7 月

前言 PREFACE

在全国现代学徒制工作专家指导委员会的支持与指导下,河北化工医药职业技术学校和北京好药师大药房连锁有限公司牵头,联合全国30多所相关院校和企业,共同开发了"电子商务专业校企双元育人教材系列"中的《网店视觉设计与应用》。

本教材以店铺装修与视觉营销为立足点,以PhotoShop为软件工具,结合丰富的理论知识和大量的精美案例,帮助学生快速、系统深入地了解视觉设计岗位的工作流程与相关标准化要求、网店设计思路,掌握淘宝、天猫、京东等电商网店设计的流程与方法,使学生能够根据专题活动及产品视图要求等工作,完成店铺日常设计工作,提高学生适岗能力。让学生在学校就知道自己将来做什么、怎么做、发展方向是什么,让学生尽可能地了解企业,明确企业具体需求,为学生的角色转换起到指导作用。本教材学习任务由浅入深、层级递进,主要适合电子商务企业的美工设计岗位要求,符合中职院校、高职院校、社会培训机构的教材选用要求。

本教材在编写过程中,得到河北省中高职教师素质协同提升项目"名师工作室(电子商务)"国培班成员及其学校、厦门一课信息技术服务有限公司等企业、以及复旦大学出版社的精心指导和大力支持。在此,对各位专家、老师们的辛勤工作表示衷心的感谢!

由于编者水平有限,加上时间仓促,书中难免有疏漏和不足之处,恳求广大教材使用者批评指正,以便今后进一步修订完善。

编者

2020年8月

目 录 CONTENTS

模块一　网店视觉设计基础知识

项目一　色彩搭配 1-1
　　任务1　海报背景色彩搭配 1-2
　　任务2　还原照片本色 1-9

项目二　平面排版设计 2-1
　　任务1　海报文案排版 2-2
　　任务2　单页画册设计 2-7

模块二　商品图片的基本处理

项目三　抠图 3-1
　　任务1　规则形状抠图 3-2
　　任务2　透明物体抠图 3-5
　　任务3　毛发抠图 3-10

项目四　图片污点修复 4-1
　　任务1　修复水印（去除文字） 4-2
　　任务2　修复人像 4-5

项目五　校正产品色差与添加投影 5-1
　　任务1　替换裤子颜色 5-2
　　任务2　给人物添加投影 5-5

项目六　特效文字制作 6-1
　　任务1　金属质感文字制作 6-2

任务2　霓虹灯字效制作……………………………………………………6-9

项目七　人物与产品精修……………………………………………………7-1
　　任务1　人像磨皮………………………………………………………………7-2
　　任务2　化妆品产品精修………………………………………………………7-5

模块三　网店主要模块设计与应用

项目八　店标视觉设计…………………………………………………………8-1
　　任务1　女装店铺店标设计……………………………………………………8-2
　　任务2　医药店铺店标设计……………………………………………………8-5

项目九　店招视觉设计…………………………………………………………9-1
　　任务1　床上用品店铺店招设计………………………………………………9-2
　　任务2　医药店铺店招设计……………………………………………………9-9

项目十　主图视觉设计…………………………………………………………10-1
　　任务1　面膜主图制作…………………………………………………………10-2
　　任务2　医用洗鼻器主图制作…………………………………………………10-8

项目十一　海报视觉设计………………………………………………………11-1
　　任务1　清新女装海报设计……………………………………………………11-2
　　任务2　医药店铺海报设计……………………………………………………11-9

项目十二　详情页视觉设计……………………………………………………12-1
　　任务1　女装详情页设计………………………………………………………12-2
　　任务2　医药店铺详情页设计…………………………………………………12-11

项目十三　首页视觉设计………………………………………………………13-1
　　任务1　茶类首页设计…………………………………………………………13-2
　　任务2　医药店铺首页设计……………………………………………………13-14

项目十四　店铺装修……………………………………………………………14-1
　　任务1　PC端店铺装修（医药店铺）…………………………………………14-2
　　任务2　无线端店铺装修（医药店铺）…………………………………………14-12

附录　课程标准……………………………………………………………………1

模块一 网店视觉设计基础知识

在网店设计中,色彩搭配是十分重要的元素,页面足以吸引买家观看、点击,离不开色彩的合理搭配。学习灵活运用色彩是长期积累的过程,需要在了解各种色彩原理的基础上不断实践和总结,才能运用自如。

本模块通过色彩搭配与平面排版设计的展现介绍网店视觉基础知识。

项目一　色彩搭配

色彩是极具视觉冲击力的传播工具。当距离显示屏较远时,首先看到的不是优美的版式或者美丽的图片,而是页面的色彩。色彩的应用在网店视觉表现中尤为突出,网店的整体色调如何,色彩搭配是否符合企业特色,网店的宣传推广是否能够抓住观众的眼球,都离不开对色彩的应用。

在平面图上,色彩的冲击力是最强的,它很容易给买家留下深刻的印象。因此在页面设计中,要高度重视色彩的搭配。

网店视觉 设计与应用

任务1　海报背景色彩搭配

学习目标

1. 了解钢笔工具的使用方法，以及运用图层样式设计形状的方法。
2. 掌握海报背景的色彩搭配技巧。

任务描述

海报背景是海报设计中至关重要的要素之一。当观察两块亮度不同的区域时，边界处亮度对比加强，产品轮廓变得更加明显，从而更加凸显主体产品，这叫做马赫带效应。为了能够完整展示某产品的宣传海报，现需要你运用马赫带效应，根据提供的产品以及文案，选择与之搭配最协调的颜色，设计背景，将海报的背景补充完整。

任务分析

色彩既是一个模糊的概念，又是植根于心里的已知元素。从双眼睁开的那一刻起，就开始记录生活中的形形色色。由于每个人对于色彩的理解都不尽相同，所以设计中常常带着自我主观的意识去配色，而忽略多数人的感观。这也是为什么配色一直很难突破的原因。

在色彩搭配处理的时候，可以先了解、分析产品本身的情绪、专题内容与节日气氛等，通过已知的内容，找到需要的主色彩，然后通过主色彩找到其他需要的颜色。

任务准备

硬件要求：一台足够运行 PhotoShop(PS)软件的电脑。

实操要求：产品图，文案(素材从素材库中下载)。

任务实施

步骤01：在 PhotoShop 中，新建(快捷键[Ctrl]+[N])1 920 像素×900 像素的白底画布，如图1-1-1所示。

步骤02：如图1-1-2所示，置入文案素材与产品素材，选择背景图层，按[Alt]+[Delete]键，填充前景色为黑色。这时，画面中的文案与产品素材基本上是完整的，素材跟背景的对比十分强烈。但是，背景过于单一，画面协调性不高，属于半成品，需要修改背景。

图1-1-1 新建图层　　　　　　　图1-1-2 置入素材

步骤03：先关闭文案与产品的图层（单击图层缩略图前的"眼睛"），选择背景图层，填充♯a42827，如图1-1-3所示。

步骤04：新建图层，使用"钢笔工具"，绕着背景上半部分绘制贝塞尔曲线。完成后点击"工具属性"栏中的"形状"转换形状图层，填充♯ad1d27，如图1-1-4所示。

图1-1-3 填充颜色　　　　　　　图1-1-4 形状图层

步骤05：双击图层空白处，调出"图层样式"，先给形状图层做"斜面和浮雕"，大小设置为1像素，深度为100％，高光模式为"滤色"，颜色为♯d7ad19，不透明度为64％；阴影模式为"正片叠底"，不透明度为26％，颜色为♯58040a，如图1-1-5所示。

步骤06：添加"图案叠加"，混合模式选"正片叠底"，图案选择"水彩"，具体参数如图1-1-6所示。

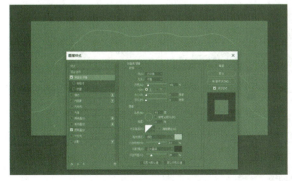 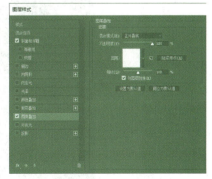

图1-1-5 斜面和浮雕　　　　　　图1-1-6 图案叠加

步骤07：在形状图层底下新建图层，使用"画笔工具"绘制投影，前景色为♯a42827，模式改为"正片叠底"，如图1-1-7所示。

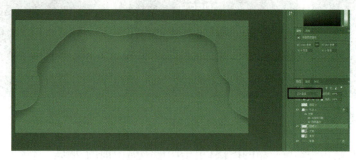

图1-1-7　正片叠底

步骤08：同上操作，新建图层，使用"钢笔工具"绕着背景上半部分绘制贝塞尔曲线；完成后点击"工具属性"栏的"形状"转换形状图层，填充♯c12430，如图1-1-8所示。

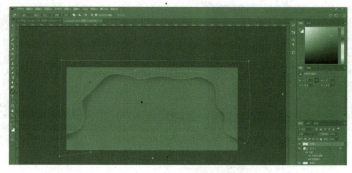

图1-1-8　转换形状图层

步骤09：右键选择形状1图层，选择"拷贝图层样式"，如图1-1-9所示；右键选择形状2图层，选择"粘贴图层样式"。

图1-1-9　拷贝图层样式

步骤10：同上新建图层，置于形状图层下，模式改为"正片叠底"，使用"画笔工具"绘制投影，前景色为♯a42827，如图1-1-10所示。

步骤11：吸取颜色新建图层，置于背景图层上，使用"选框工具"绘制矩形，填充♯9d1e1d，[Ctrl]+[D]取消选区，如图1-1-11所示。

图1-1-10 画笔工具

图1-1-11 吸取颜色

步骤12：新建图层，将混合模式改为"正片叠底"，使用"画笔工具"，涂抹两边区域，不透明度为28%，前景色设为♯891a19，按[Ctrl]+[Shift]+[G]或右键选择"创建剪贴蒙版"，为底下图层做剪贴蒙版，如图1-1-12所示。

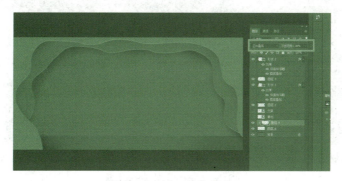
图1-1-12 填充颜色

步骤13：复制背景图层，选中拷贝的背景图层、图层4以及图层5，按[Ctrl]+[G]建立分组，双击分组图层空白处调出"图层样式"，添加"图案叠加"，详细参数如图1-1-13所示。

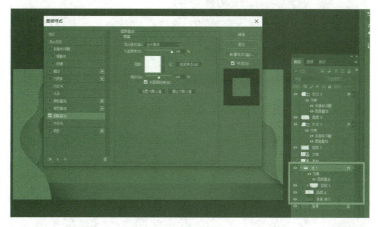
图1-1-13 图层样式

步骤14：使用"钢笔工具"绘制图形，在"工具属性栏"建立"形状"，填充♯b32b2a，形成高斯模糊，如图1-1-14所示。

图1-1-14　高斯模糊

步骤15：双击图层空白处，调出"图层样式"，添加"斜面和浮雕"，具体参数如图1-1-15所示。

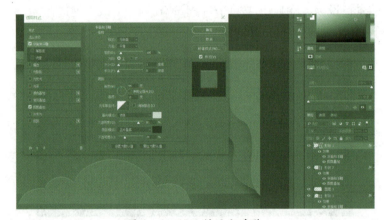

图1-1-15　斜面和浮雕

步骤16：同时添加"图案叠加"，具体参数如下图1-1-16所示。

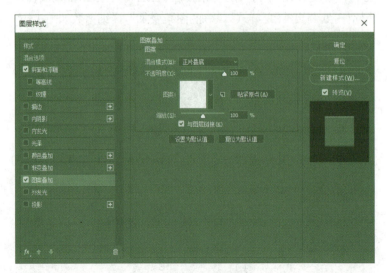

图1-1-16　图案叠加

步骤17：完成渐变。根据画面需要，按[Alt]＋鼠标左键复制形状，按[Ctrl]＋[T]自由变换，调整形状、大小与方向，设置好位置，并适当添加投影(方法同步骤10)，如图1-1-17所示。

图1-1-17 渐变

步骤18：添加素材。打开隐藏的图层，发现产品部分的空间效果有问题，所以需调整产品底部背景，如图1-1-18所示。

图1-1-18 添加素材

步骤19：绘制矩形。使用"椭圆工具"，在产品图片底下画一个椭圆，填充♯edd9f5。按住[Alt]＋鼠标左键，拖动复制一层，填充♯ba5c63，置于原椭圆底下；使用"矩形工具"绘制矩形，填充♯ba5c63，效果如图1-1-19所示。

图1-1-19 投影

步骤20：复制形状，置于该形状下方，调整大小，如图1-1-20所示。

图1-1-20　复制并调整形状

步骤21：调整位置大小，并添加"投影"，如图1-1-21所示。

图1-1-21　投影

步骤22：最后给背景所有图层添加"色相/饱和度"，调整整个画面细节，具体参数如图1-1-22所示。图1-1-23所示为最终效果图。

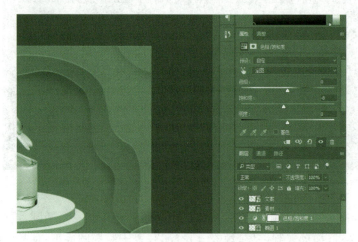

图1-1-22　色相/饱和度

图1-1-23　最终效果

项目一　色彩搭配

任务评价

项次	项目	要求	分值	得分
1	钢笔工具	贝塞尔曲线不卡角；线条连贯，起伏流畅	15	
2	画笔工具	画笔大小精准掌控，画笔过渡柔和不生硬	20	
3	色相/饱和度	色相搭配协调统一，饱和度调节合理不突兀	15	
4	自由变换	掌握快捷键[Ctrl]+[T]；等比例大小缩放不变形	15	
5	图层样式	掌握打开使用图层样式的方法；参数设置符合画面要求	20	
6	画面美感	画面色调协调、舒适、统一；排版美观，视觉效果强	15	
		合计	100	

能力拓展

1. 扫描二维码，观看案例模板。
2. 从素材库中下载对应的素材，根据素材与模板设计一张海报。

案例模板

知识链接

1. 配色宝典：扫描二维码，学习相关文章。
2. 配色诀窍：扫描二维码，学习案例分析。

知识链接

▶ 任务2　还原照片本色

学习目标

1. 了解画笔工具与混合模式的运用技巧。
2. 掌握黑白照片上色要点，训练色彩搭配能力。

任务描述

随着时代的发展，照相也从一开始的黑白照片慢慢演变成现在的彩色照片。为了更好地展现旧照片的风采，需要运用现代技术给旧照片注入活力。现需要给一张黑白照片做上色处理，要求你在上色之前大致构思画面的色彩，选择相应的颜色局部上色，最后再调整整体颜色和细节。

任务分析

在还原黑白照片本色时,特别是在处理人的皮肤时,往往会因为颜色把握不当而导致皮肤发黄、发红等。要注意在上色时降低画笔不透明度,一遍又一遍地渲染,使颜色更好地叠加。另外,涂抹皮肤,使最终效果柔和、自然。所以要注意,画笔的柔和度要高,避免涂抹皮肤时因明显分隔线而更显生硬。

任务准备

硬件要求:一台足够运行 PhotoShop 软件的电脑。

实操要求:黑白照片(素材从素材库中下载)。

任务实施

步骤01:打开原图素材,按[Ctrl]+[J]键复制图层。把背景图层复制一层,得到"图层1",如图1-2-1所示。

图1-2-1 复制图层

步骤02:新建一个图层,图层"混合模式"改为"颜色",把前景颜色设置为♯a38375。选择"画笔工具",画笔不透明度为10%左右,慢慢涂抹人物脸部肤色部分,给脸部上色,去掉白底,如图1-2-2所示。

步骤03:为了让脸部皮肤更加自然,创建"色相/饱和度"调整图层,适当降低饱和度,参数设置如图1-2-3所示。

图1-2-2 画笔工具

图1-2-3 色相/饱和度

项目一　色彩搭配

步骤04：新建一个图层，图层"混合模式"改为"颜色"，图层不透明度改为25％。前景颜色设置为♯DF6141。然后使用"画笔工具"涂抹人物头发部分，为头发上色，效果如图1-2-4所示。用同样的方法给眼睛、嘴唇上色，需要选好各部分的颜色。

步骤05：如图1-2-5所示，眼睛上色的参数只供参考，可选择自己喜爱的颜色，但要注意画面的自然与协调性。

注意：画笔在涂抹的时候要胆大心细，眼球颜色跟皮肤颜色是有差别的，要尽量避免涂抹到皮肤上。

图1-2-4　头发上色

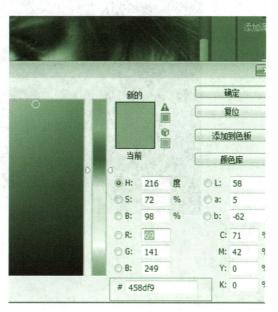

图1-2-5　眼睛上色

步骤06：新建一个图层，图层"混合模式"改为"颜色"，把前景颜色设置为♯668bc3，为衣服上色，如图1-2-6所示。

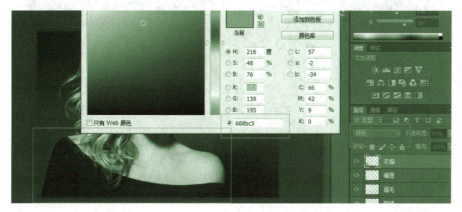

图1-2-6　衣服上色

步骤07：确定后按[Ctrl]+[Alt]+[Shift]+[E]盖印图层。按[Ctrl]+[J]复制图层。把盖印图层复制一层，图层"混合模式"改为"柔光"，图层不透明度改为50%，效果如图1-2-7所示。

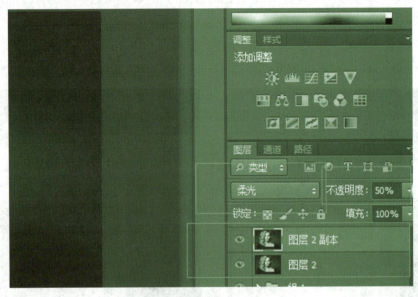

图1-2-7　盖印图层

步骤08：创建"曲线"调整图层，调整整体效果，参数如图1-2-8所示。最终效果如图1-2-9所示。

注意：可以根据自己喜好，将头发或眼睛等改为其他颜色，一定要保持人物形象的自然、协调。

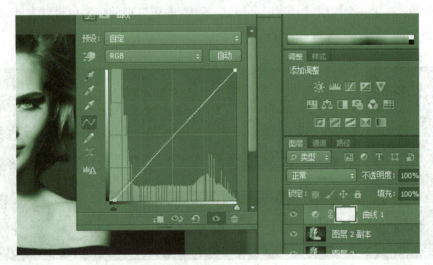

图1-2-8　曲线

项目一 色彩搭配

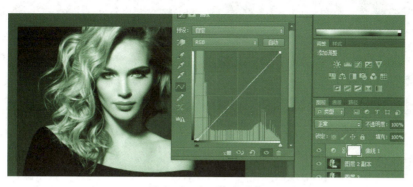

图1-2-9 最终效果

任务评价

项次	项目	要　　求	分值	得分
1	画笔工具	画笔大小精准掌控,画笔过渡柔和不生硬	20	
2	色相/饱和度	颜色自然,协调不突兀	20	
3	曲线	亮面与暗面对比适中,无曝光;暗部通透,有空间感	20	
4	混合模式	理解并学会使用混合模式,合理调节画面效果	20	
5	画面美感	画面色调协调、舒适、统一,排版美观,视觉效果强	20	
		合计	100	

能力拓展

1. 扫描二维码,学习案例模板。
2. 从素材库中下载对应的素材,根据素材与模板,给两张黑白照片上色。

知识链接

上色教程:扫描二维码学习。

案例模板

知识链接

模块一 网店视觉设计基础知识

项目二 平面排版设计

平面设计是使用符号、图案、文字等一系列内容，结合起来传达视觉体验。通过版面的构成吸引目光，并获得瞬间的刺激。设计者要将图片、文字、色彩、空间等要素完美结合，以恰当的形式向人们展示宣传信息。版式就好比动物的骨骼，有了好的骨骼添上血肉，造型才会变得活灵活现。

本项目主要从海报文案排版和单页画册设计的制作这两个任务来学习平面排版设计。

网店视觉 设计与应用

任务1　海报文案排版

学习目标

1. 掌握线框与文字之间的搭配技巧。
2. 掌握海报文案的排版技巧。

任务描述

平面设计包括网页设计、海报设计和界面(UI)设计,都离不开版式。在完整的排版设计中,字体采用两种最佳,最多不超过3种。在这个基础上,调整字体,如大小写、字号、粗细、颜色、行间距以及一些特殊格式(如斜体和双基线),或加入辅助性图形(如点线面等),就可以产生一系列的版式变化,使文字排版具有序列、对比、参差、强弱等设计情感的节奏和韵律。现需要对一张海报进行文案排版设计,要求你在文案设计时,注意把控好文字的间距以及字号,在颜色填充时选择与产品以及整体画面协调的颜色。

任务分析

在海报文案排版设计时,需要注意文案内容的主次、大小分布。为了主次分明,可以使用字体大小、颜色、粗细、字体样式等区分。文案设计过于空洞时,可以选择辅助图形点缀(如直线、曲线、圆形、矩形等)。但要注意,辅助图形的作用是辅助衬托文案,所以要注意图形大小、粗细、颜色以及不透明度之间的变化。

任务准备

硬件要求:一台足够运行 PhotoShop 软件的电脑。

实操要求:产品素材图,文案(素材可从素材库中下载)。

任务实施

步骤01:新建(快捷键[Ctrl]+[N])1 500 像素×2 000 像素、72 分辨率的白底画布,如图 2-1-1 所示。

步骤02:选择背景图层,填充♯8dcdff。

步骤03:置入素材,按[Ctrl]+[T]自由变换,调整素材的位置方向,按[Enter]键完成操作,如图 2-1-2 所示。

图 2-1-1 新建图层

图 2-1-2 置入素材

步骤04：使用"调整"命令→"亮度/对比度"，适度降低对比度，详细参数如图 2-1-3 所示。

图 2-1-3 亮度/对比度

步骤05：使用"矩形工具"绘制虚线框，关闭填充，描边填充♯ffffff，描边大小设置为4像素，样式选择间隙2的虚线；使用"矩形工具"绘制矩形，填充颜色♯98d2ff，按［Ctrl］＋［Alt］＋［G］创建"剪贴蒙版"，如图 2-1-4 所示。

图 2-1-4 矩形工具

步骤06：使用"文字工具"分别输入"盛""夏""柠""檬"，填充♯fffc08、♯ffffff，具体参数如图2-1-5所示。

步骤07：使用"钢笔工具"绘制直线，转化为"形状"，关闭填充，描边填充白色，大小设置为2像素，按住[Alt]键复制2份，移动位置。点击图层面板最底下的[添加蒙版]按钮，添加图层蒙版。使用"画笔工具"将不需要的部分擦除。使用"椭圆工具"，按住[Shift]键绘制正圆，关闭填充，描边填充白色。同上，添加图层蒙版，使用"画笔工具"擦除不需要的部分。同上，也在文案上添加图层蒙版，擦除越线部分，如图2-1-6所示。

图2-1-5 添加文案

图2-1-6 图层蒙版

步骤08：使用"钢笔工具"绘制直线，关闭填充，描边填充♯fffc08，大小设置3像素。使用"矩形工具"绘制矩形，填充白色。使用"文字工具"输入其他文案，调整文案大小、位置，具体参数如图2-1-7所示。

步骤09：使用"文字工具"输入文案，调整好文案大小、位置，具体参数如图2-1-8所示。

图2-1-7 添加文字

图2-1-8 添加文案

步骤10：接下来设置其他文案。使用"文字工具"输入文案，调整好大小、位置，底下英文文案颜色设置为♯4598c5，具体参数设置效果如图2-1-9所示。

步骤11：使用"椭圆工具"，按住[Shift]键绘制正圆，填充白色。在同样的圆心上，按住[Alt]＋[Shift]键绘制正圆，关闭填充，描边填充♯94d2ff，大小设置为5像素，间隙为2个单位的圆形虚线。使用"文字工具"在正圆上输入文案，颜色填充为♯329fdc，具体参数如图2-1-10所示。

图2-1-9　添加文字

图2-1-10　编辑文案

步骤12：继续使用"文字工具"，输入文案。使用"矩形工具"绘制矩形，关闭填充，描边填充白色，大小设置为3像素，实线，如图2-1-11所示。

图2-1-11　添加文案

步骤13：继续完善排版。使用"矩形工具"绘制矩形，关闭填充，描边填充白色，大小为5像素。分别输入文案。使用"椭圆工具"，按住[Shift]键绘制正圆，按[Alt]键＋鼠标左键拖动复制4个，对齐排版，效果如图2-1-12所示。

步骤14：最后检查画面整体效果，微调细节部分，例如文字排版对齐、整体颜色的把控等。到这里，设计完成，按"文件"→"存储"或按[Ctrl]+[S]保存，效果如图2-1-13所示。

图2-1-12 矩形工具

图2-1-13 完成图

任务评价

项次	项目	要　　求	分值	得分
1	文字工具	文案整体排版合理、对齐统一；文案准确，无错别字；文案颜色设置舒适，可阅读性强	20	
2	图层蒙版	掌握剪贴蒙版使用方法；遮罩清晰，无瑕疵	20	
3	自由变换	掌握快捷键[Ctrl]+[T]；等比例大小缩放不变形；旋转角度规则统一	20	
4	形状工具	图像不变形，比例正确；正确设置填充/描边颜色	20	
5	画面美感	画面色调协调、舒适、统一；排版美观，视觉效果强	20	
		合计	100	

能力拓展

1. 请扫描二维码学习案例模板。
2. 从素材库中下载对应的素材，根据素材与模板设计海报排版。

知识链接

1. 无对比不排版：扫描二维码，学习案例分析。
2. 文字与线框文案：扫描二维码，学习案例文章。

案例模板

知识链接

任务 2　单页画册设计

学习目标

1. 熟悉文字工具与剪贴蒙版的使用方法。
2. 掌握画册的视觉设计要点、排版技巧以及制作方法。

任务描述

传播企业精神、体现企业价值、展示品牌形象向来都是一本优质画册的作用,其中视觉冲击力更是会给人带来耳目一新的感觉。随着互联网的兴起,越来越多的商家使用网页或 H5 页面宣传,但是画册并不会被该洪流所淹没,反而作为公司商业活动的敲门砖,为企业宣传、产品解说带来不容小觑的经济效益。

尚品装饰公司委托你设计企业的宣传画册。在设计排版时,需要注意表现企业文化理念,注意处理好图片的大小以及位置。

任务分析

画册设计的 3 大要素是点、线、面。好的画册设计应当全方位运用精妙的排版手法及创意思路,来达到企业宣传的目的,提升宣传效果。

画册设计是图形、文字、符号经过排版而成的视觉设计,只注意视觉上的设计感是不够的。一本好的画册的诞生,不仅仅依靠点线面结合排版构成,还要有可读性较强的文案辅助。画册是用来供读者阅读、展示企业文化、传播企业精神。为了使读者了解企业并留下深刻印象,需应用合适的创意以及优秀的文案来展示企业的魅力。

任务准备

硬件要求:一台足够运行 PhotoShop 软件的电脑。
实操要求:企业文化宣传图片,装饰的素材,文案,公司文化、理念。

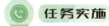

步骤 01:新建(快捷键[Ctrl]+[N])5 000 像素×3 450 像素、300 分辨率的白底画布,如图 2-2-1 所示。

步骤 02:点击原图,使用"选框工具"在背景图片上框选部分区域,点击菜单栏"编辑"→"定义图案",如图 2-2-2、3 所示。

图2-2-1 新建图层

图2-2-2 定义图案

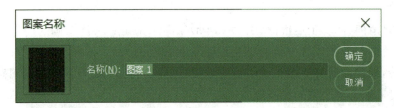

图2-2-3 定义图案

步骤03：新建图层（快捷键[Ctrl]+[Shift]+[N]），点击"视图"→"新建参考线"→"垂直"并输入50%；使用"选框工具"画出左边背景区域，右键选择"填充"，内容选择"图案"，选择新建的定义图案，点击【确定】；取消选区（[Ctrl]+[D]或单击空白处），如图2-2-4～6所示。

图2-2-4 新建参考线

图2-2-5 填充选区

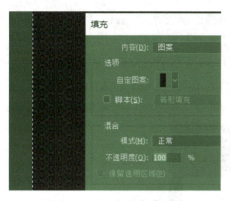

图2-2-6 左边背景制作　　　　　　　图2-2-7 填充颜色

步骤04：使用"矩形工具"，画出背景另一边，填充#f2e7be。到这里，背景就做完了，如图2-2-7、8所示。

步骤05：将素材库中的素材导入PS中，使用"自由变换"（[Ctrl]+[T]）旋转30°，调整至合适位置，按回车键确定，如图2-2-9、10所示。

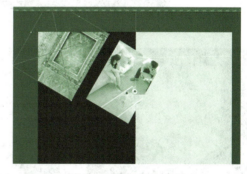

图2-2-8 背景　　　　　　　　　　　图2-2-9 添加素材

图2-2-10 自由变换

步骤06：置入素材，使用"钢笔工具"，在对象边缘绘制贝塞尔曲线，建立选区（[Ctrl]＋[Enter]），"反相"（[Ctrl]＋[Shift]＋[I]），去掉白色部分（[Delete]），取消选区（[Ctrl]＋[D]）；用"自由变换"移动对象到合适的位置，调整大小；给杯子以及画框同时建立图层蒙版，使用"画笔工具"涂抹，做出过渡效果（注意：使用画笔工具时，画笔的大小以及前背景色的颜色是否为默认黑白色），如图2-2-11~13所示。

图2-2-11　添加素材

图2-2-12　抠图

图2-2-13　图层蒙版

步骤07：使用"文字工具"，输入文字，调整好字间距、大小，右击"栅格化文字"→"渐变工具"，调整渐变颜色为♯ab7422、♯ecbf55、♯a96f0b、♯edbf43、♯bc882c，设置好位置；按住[Ctrl]键点击文字图层前段缩略图，建立图层选区，使用"渐变工具"，选择"线性渐变"，在选区上点击拖动鼠标建立渐变，取消选区，如图2-2-14~16所示。

图2-2-14　栅格化文字

项目二 平面排版设计

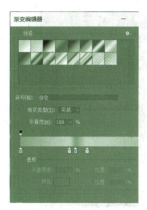

图 2-2-15 渐变色调整

图 2-2-16 文字渐变

步骤 08：使用"文字工具"输入正文内容，分别设置文字大小，颜色设为♯bca872，字体为 Adobe 黑体，整体文案使用左对齐，效果如图 2-2-17～20 所示。

图 2-2-17 添加文字-企业文化

图 2-2-18 添加文字-英文

2-11

图 2-2-19　添加文字-标语

图 2-2-20　添加文字-文化

步骤 09：使用"钢笔工具"，绘制直线，建立"形状"，关掉填充，打开描边，设置颜色为 ♯de9607，大小为 2 点，描边选项选择"蚂蚁线"，按住[Alt]左键复制该形状，设置位置大小，如图 2-2-21 所示。

图 2-2-21　效果图

步骤 10：设置右边的文案。使用"文字工具"编辑标题文案，字体设置为 Adobe 黑体，字号为 150 像素，行距为 150 像素，颜色为 ♯a96f0b，选择左对齐，效果如图 2-2-22 所示。

项目二　平面排版设计

图 2-2-22　添加文字

步骤 11：继续使用"文字工具"，将余下文案按照规格大小排版，颜色设置为♯b98b10，字体为 Adobe 黑体，字号大小分别为 112 像素、54 像素、72 像素、36 像素，如图 2-2-23～26 所示。

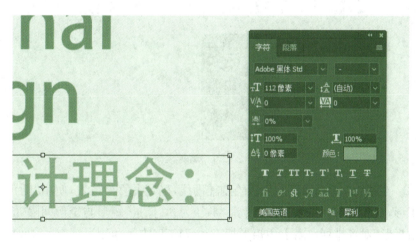

图 2-2-23　编辑文案 1

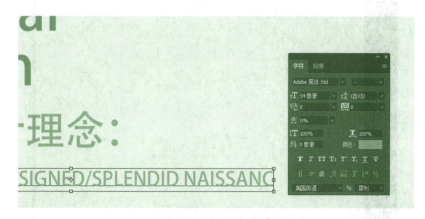

图 2-2-24　编辑文案 2

图 2-2-25 编辑文案 3

图 2-2-26 编辑文案 4

步骤 12：在高为 1 895 像素的位置绘制辅助线，确定九宫格位置，使用"圆角矩形工具"绘制圆角矩形，宽高为 555 像素×397 像素，半径为 30 像素，矩形与矩形间隔 35 像素，共绘制 9 个圆角矩形，对齐排列。右上角矩形填充♯c71370，左下角矩形填充♯f18c1a，右下角矩形填充♯ffffff，如图 2-2-27、28 所示。

图 2-2-27 新建参考线

项目二 平面排版设计

图 2-2-28　绘制九宫格

步骤 13：将素材文件拖入文件中，置于矩形上方，用"自由变换"调整大小位置；右键选择"创建剪贴蒙版"或按快捷键[Ctrl]+[Alt]+[G]创建剪贴蒙版；依次将素材文件剪贴进矩形，效果如图 2-2-29～31 所示。

图 2-2-29　添加素材

图 2-2-30　剪贴蒙版

图 2-2-31　九宫格效果图

步骤 14：最后检查画面整体效果，微调细节部分（例如文字排版对齐、整体颜色把控等）。

到这里，画册设计就完成了，按"文件"→"存储"（[Ctrl]+[S]）保存，效果如图 2-2-32 所示。

图 2-2-32　完成图

任务评价

项次	项目	要　　求	分值	得分
1	文字工具	文案整体排版合理,对齐,统一;文案准确,无错别字;文案颜色设置舒适,可阅读性强	20	
2	钢笔工具	线条干练、清晰;抠图完整,边缘无瑕疵;描边颜色填充合理,样式统一	15	
3	剪贴蒙版	掌握剪贴蒙版使用方法(快捷键),图层排列整齐有序	15	
4	自由变换	掌握快捷键[Ctrl]+[T]使用方法,等比例大小缩放不变形,旋转角度规则统一	15	
5	形状工具	图像不变形,比例正确;正确设置填充、描边颜色	15	
6	画面美感	画面色调协调、舒适、统一;排版美观,视觉效果强	20	
		合计	100	

能力拓展

1. 请扫描二维码,学习案例模板。
2. 从素材库中下载对应的素材,根据素材与模板制作画册 P7～P8 以及 P15～P16。

案例模板

知识链接

1. 图层蒙版:扫描二维码,学习知识微课。
2. 排版技巧:扫描二维码,学习案例文章。

知识链接

模块二 商品图片的基本处理

网店中的商品图片不仅要清晰、真实地展示商品,而且要能激发用户的购买欲望。一张有冲击力的高质量商品图片在一定程度上能够提升用户对店铺的整体视觉印象,影响用户对商品的认知与购买的转化,直接影响到商品的销量。处理网店商品图片的重要性不言而喻。

本模块主要学习商品图片的基本处理方法与技巧。通过抠图、修复图片污点、校正产品色差与添加投影、制作特效文字、精修人物与产品来展开本模块内容学习。

项目三 抠 图

在日常电商美工设计中,为了美化人像或产品,常常会将需要美化的部分从原有的场景中分离出来,换上完美的背景或装饰。抠图是图像处理中最常做的操作之一,由于背景、人物服装、产品各不相同,所采取的抠图方法也各有不同。抠图主要是为后期的合成做准备。

任务1　规则形状抠图

学习目标

1. 掌握 PhotoShop 软件中移动工具和选框工具的运用。
2. 掌握规则形状抠图的操作。

任务描述

"选框工具"是一个选择工具,可以在图片上任意选取一个矩形或者圆形等形状的面积,做剪切、复制、填色、修改颜色等处理。规则造型的产品图片都可以使用"选框工具"抠图。现要求你使用选框工具对手机图片抠图,然后将图片置入主图模板中,使之成为一张完整的主图。

任务分析

在抠图的时候,要利用矩形选框工具分开素材;然后,在调节两个图层上素材的大小时,注意栅格化图层。否则可能会导致 PS 中的各种工具和菜单的功能不能正常使用。在调节其他素材的时候,要确定好图层的顺序。

任务准备

硬件要求:一台足够运行 PhotoShop 软件的电脑。
实操要求:素材图(从素材库中下载)。

任务实施

步骤01:新建(快捷键[Ctrl]+[N])800 像素×800 像素的文件,参数设置如图 3-1-1 所示。

步骤02:选择素材中的素材"选框工具",鼠标单击拖拽至新建的文件中,如图 3-1-2 所示。

步骤03:使用"矩形选框工具",将素材放大,选取正面的手机图片,再把鼠标放开,如图 3-1-3 所示。

步骤04:栅格化图层。单击鼠标右键,从弹出的选项框中选择"通过剪切的图层",将手机的正视图和后视图分为两个图层,如图 3-1-4、5 所示。

图 3-1-1 新建图层

图 3-1-2 素材拖入

图 3-1-3 剪切选区

图 3-1-4 通过剪切图层

步骤05：使用"移动工具"，将两个图层调整至图 3-1-6 所示位置，并按下快捷键[Ctrl]+[T]自由变换，调整两个图像大小。

图 3-1-5 效果图

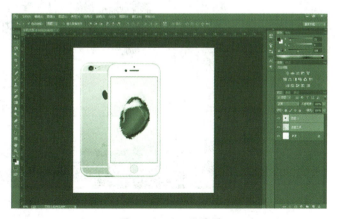

图 3-1-6 效果图

步骤06：选中素材库中的素材"选框工具素材1""选框工具素材2"，鼠标单击拖拽至文件中，如图3-1-7所示，调整各图层顺序和图像大小，得到如图3-1-8所示最终效果。

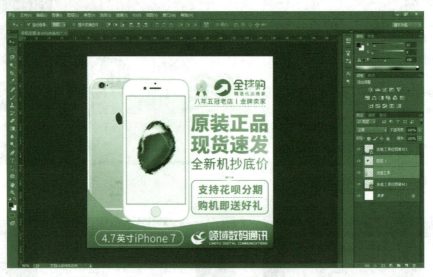

图3-1-7 效果图

图3-1-8 最终效果

项目三 抠 图

任务评价

项次	项目	要 求	分值	得分
1	新建文件	掌握设置画布参数的方法；参数设置符合画面要求	10	
2	打开文件	打开文件素材，添加和选择素材	10	
3	矩形选框	掌握矩形选框工具，辅助删减图层内容	35	
4	栅格化图层	掌握栅格化图层，矢量对象转换成为位图	20	
5	移动工具	掌握移动工具，调好图层位置	10	
6	自由变换	掌握快捷键[Ctrl]+[T]的使用，等比例大小缩放不变形	15	
		合计	100	

能力拓展

1. 扫描二维码，学习案例模板。
2. 从素材库中下载对应的素材，根据模板，利用矩形选框工具抠出一张效果图。

案例模板

知识链接

抠图大全：可扫描二维码，学习相关文章。

知识链接

任务 2　透明物体抠图

学习目标

1. 学会使用钢笔工具。
2. 了解使用蒙版填充颜色来改变背景颜色的方法。

任务描述

透明物体抠图的难度较大，如何在抠出外轮廓的同时，将素材的透明感体现出来，是十分考验抠图技巧的事，本任务将通过透明物体抠图的案例实操演示，学习如何把透明物体从素材中抠出来。现需要你对图片素材中的矿泉水瓶抠图，除了完整抠出外轮廓外，还要求抠出瓶身的透明效果；运用图层蒙版、图层信息、渐变及钢笔工具等，编辑蒙版状态，得到最终透明的抠图效果。

任务分析

在用钢笔工具给透明物体抠图的时候,要注意钢笔线条连贯和流畅,保证抠下来的图形是完整的,避免缺边少角。利用填充蒙版颜色来改变图形的颜色和背景图,建立选区抠下图形,得到效果图。

任务准备

硬件要求:一台足够运行 PhotoShop 软件的电脑。
实操要求:素材图(素材从素材库中下载)。

任务实施

步骤 01:选择"文件"→"打开"命令。
步骤 02:选择素材,再单击【打开】。
步骤 03:复制背景图层,得到"图层 1",如图 3-2-1 所示。

图 3-2-1 "复制"图层

步骤 04:按[Ctrl]+[A]键全选,再按[Ctrl]+[C]键复制"图层 1",然后单击面板中的"新建图层蒙版"按钮,给"图层 1"添加图层蒙版。单击白色图层蒙版,同时按下[Alt]键,进入"蒙版编辑"状态,然后再按[Ctrl]+[V]键粘贴,把刚才复制的图层信息粘贴到图层蒙版中,得到一个保留了图像灰度信息的图层蒙版,如图 3-2-2、3 所示。

步骤 05:在"图层 1"下方新建一个背景图层,选择"渐变"工具,在右上角框内的渐变样式中,选择第二种,如图 3-2-4 所示。

步骤 06:给图层填充渐变色的方法有很多,比如,可以用图层样式设置。执行"图层"→"混合选项",在弹出的选项框中,双击"渐变叠加",在"渐变编辑器"里选择渐变样式,设置从

项目三 抠 图

图3-2-2 添加蒙版

图3-2-3 效果图

图3-2-4 添加"渐变"

色号为"♯2799e6"的浅蓝色到色号为"♯48109d"的深蓝色渐变,单击【确定】,如图3-2-5所示。或者用油漆桶工具,先给图层填充较深的颜色♯48109d,然后用硬度为0的软笔刷在画面中间填充色号为♯2799e6的浅蓝色。

图3-2-5 "渐变"属性调整

步骤07：选择"钢笔工具"，把矿泉水瓶抠出来，如图3-2-6所示。
步骤08：按下快捷键[Ctrl]+[Enter]建立选区，执行"选择"→"反向"，如图3-2-7所示。

图3-2-6 钢笔工具抠图

图3-2-7 载入选区

步骤09：单击白色图层蒙版同时按下[Alt]键，进入蒙版编辑状态，在蒙版周围填充黑色，如图3-2-8～10所示。

图3-2-8 进入编辑状态

图3-2-9 填充黑色

图3-2-10 效果图

项目三 抠 图

步骤10：同理，用"钢笔工具"把不透明的包装纸和瓶盖抠出来，按下快捷键[Ctrl]＋[Enter]建立选区，在蒙版里填充白色，如图3－2－11、12所示。

图3－2－11 建立选区

图3－2－12 填充白色

如图3－2－13所示即为最终效果图。

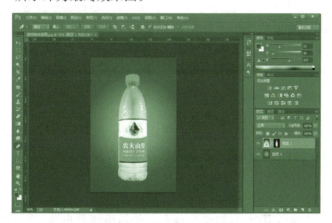
图3－2－13 最终效果图

任务评价

项次	项目	要　　求	分值	得分
1	打开文件	打开文件素材，了解素材的打开方式	20	
2	图层蒙版	掌握剪贴蒙版使用方法，保留图像灰度信息	20	
3	渐变工具	掌握渐变工具的使用方法，颜色自然、协调、不突兀	20	
4	混合选项	掌握混合选项里的渐变叠加的使用方法，调节合适的渐变效果	20	
5	钢笔工具	钢笔工具的使用方法；线条连贯，起伏流畅	20	
合计			100	

能力拓展

1. 扫描二维码,学习案例模板。
2. 从素材库中下载对应的素材,根据模板抠除产品。

案例模板

知识链接

1. 抠图教程:扫描二维码,学习相关文章。
2. 抠图视频:扫描二维码,学习相关视频。

知识链接

▶任务 3　毛 发 抠 图

学习目标

1. 了解 PhotoShop 软件工具的运用技巧。
2. 掌握毛发抠图技巧。

任务描述

本任务学习人物抠图中毛发部分抠图的操作方法。现需要你对一张人物图片进行毛发抠图,同时,掌握 PhotoShop 软件里的抠图工具和通道色阶调节的方法。

任务分析

毛发抠图前,要掌握通道面板,知道选择不同的通道调节色阶,将通道的图像对比度拉开,达到最佳效果。最后,使用加深、多边形套索等工具对人物抠图。

任务准备

硬件要求:一台足够运行 PhotoShop 软件的电脑。
实操要求:素材图(可从素材库中下载)。

任务实施

步骤 01:选择 PS"文件"→"打开"命令。
步骤 02:选择素材对应的"头发抠图",再单击【打开】。
步骤 03:打开后,在原有的"背景层"里复制一个副本,如图 3-3-1 所示。
步骤 04:选择"通道面板",确定红、绿、蓝 3 个通道中头发与背景明暗反差最大的通道,复制此通道。这里选择"绿色"通道,复制为"绿副本"通道。原则是选择黑、白两色层次分

项目三 抠 图

图 3-3-1 复制图层

明、发丝较完整的一个通道,选择头发与背景明暗反差最大的通道。选择此通道制作选区,在"Alpha1"通道中,白色是选择区而黑色不是,所以要将保留的部位变成白色,制作成选区。如图 3-3-2、3 所示。

图 3-3-2 选择"绿色"通道　　　　图 3-3-3 复制为"绿副本"通道

步骤 05:选择"绿副本"通道,按快捷键[Ctrl]+[I]反相,执行"图像"→"色阶"命令,将通道的图像对比度拉开,调整"黑场"使背景更黑,调整"灰场"使发丝的细节更丰富,如图 3-3-4 所示。

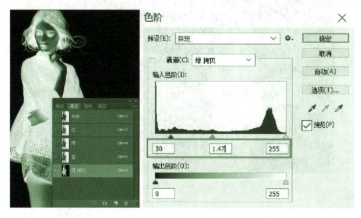

图 3-3-4 "色阶"调整

步骤06：选择"加深"工具，对黑色背景做加深操作，使黑色背景变得更黑（参数根据效果灵活调整，不必照搬参数），如图3-3-5、6所示。

图3-3-5 "加深"工具

图3-3-6 图像加深

提示：选择"阴影"只会对黑色背景起到加深作用，对白色的发丝不起作用。画笔硬度在"0—3"像素，流量在"15%"以下，这项操作需反复试验才可得到好的效果。

步骤07：选择"多边形套索工具"，沿着人物边缘创建选区（如果对抠图的精度有要求，可以使用"钢笔工具"沿着人物边缘绘制路径，创建选区），在选区内填充白色，如图3-3-7、8所示。

步骤08：确定修复后，拖动"绿色拷贝通道"至"选区载入"按钮，得到人物的选区，如图3-3-9所示。

步骤09：返回图层，将原有的背景图层删掉，在"背景图层拷贝"添加"矢量蒙版"，如图3-3-10所示。

步骤10：在"背景图层"下面，添加"渐变图层"，给模特更换背景，就能看出最终效果，如图3-3-11所示。

图3-3-7 "多边形"套索工具

项目三 抠　图

图 3-3-8　填充图像

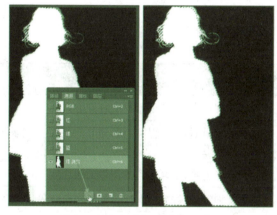

图 3-3-9　绿色通道载入选区

图 3-3-10　删除背景图层

网店视觉 设计与应用

图 3-3-11　效果图

任务评价

项次	项目	要　　求	分值	得分
1	打开文件	打开文件素材，了解素材的打开方式	10	
2	通道面板	掌握通道面板的使用方法，选出与背景明暗反差最大的通道	20	
3	色阶	调节好色阶，拉开通道的图像的对比度	10	
4	加深工具	掌握加深工具的使用方法，加深黑色背景	10	
5	画笔工具	精准掌控画笔大小；画笔过渡柔和，不生硬	15	
6	多边形套索工具	掌握多边形套索工具的使用方法，框选多边形状的图像	10	
7	渐变工具	掌握渐变工具的使用方法；颜色自然、协调，不突兀	10	
8	矢量蒙版	掌握矢量蒙版，控制好图层的变化	15	
		合计	100	

能力拓展

1. 扫描二维码，学习案例模板。
2. 从素材库中下载对应的素材，根据模板抠出人物包括毛发。

知识链接

1. 抠图技巧：可扫描二维码，学习相关文章。
2. 抠图诀窍：可扫描二维码，学习案例分析。

案例模板

知识链接

模块二 商品图片的基本处理

项目四 图片污点修复

在拍摄过程中,因为环境的影响,会出现一些影响照片品质的污点等,通过 PhotoShop 强大的处理功能可以轻松处理这些问题,让图片更加美观。

PhotoShop 修复工具的基本原理是,用周围或其他位置的像素信息(颜色、亮度)来代替修复位置的像素信息(颜色、亮度),从而修改现在的或恢复原来的像素信息。

网店视觉 设计与应用

任务1　修复水印（去除文字）

学习目标

1. 了解污点修复工具与修补工具的使用方法。
2. 掌握内容识别填充的选项及选择方法。

任务描述

本任务将通过案例演示学习污点修复、修补、内容识别等工具的使用方法，掌握修改污点细节及文字水印的技巧。现需要你去除素材图片中存在的污点和内容，跟随任务步骤，运用污点修复、修补、内容识别等工具，去除图片中的水印，掌握修复水印的技巧。

任务分析

当图片中有较大面积的污点或要去掉的内容时，可以使用修补工具，利用其他区域或图案中的像素来修复选中的区域。像修复画笔工具一样，修补工具会将样本像素的纹理、光照和阴影与源像素匹配。修复画笔工具可以去除图像中的杂斑、污迹，修复的部分会自动与背景色相融合。

任务准备

硬件要求：一台足够运行 PhotoShop 软件的电脑。
实操要求：素材图（从素材库中下载）。

任务实施

步骤01：执行"文件"→"打开"命令。
步骤02：选择相应素材，再单击[打开]。
步骤03：选择"污点修复工具"，在需要去除污点（文字）的地方单击鼠标左键，文字底下有明显的分割线，注意不要把线条弄模糊，如图4-1-1、2所示。
步骤04：一点一点去除后，将分割线清晰地留出来，最终效果如图4-1-3所示。
步骤05：学习"修补工具"的操作方法。选择"修补工具"，如图4-1-4所示。
步骤06：按下鼠标左键，选择想要修改区域的图像，放开鼠标，自动成立选区，按[Delete]键，这里默认执行的是"填充"→"内容识别"，点击【确定】，如图4-1-5、6所示。

项目四 图片污点修复

图 4-1-1 选择"污点修复工具"

图 4-1-2 清除文字

图 4-1-3 清除文字

图 4-1-4 修补工具

网店视觉 设计与应用

图4-1-5 选区

图4-1-6 内容识别工具

最终效果如图4-1-7所示。注意背景有可能不平整,与内容识别工具和选区相关,可以多试几次。内容识别工具非常好用,在某些情况下可以实现无缝修复。

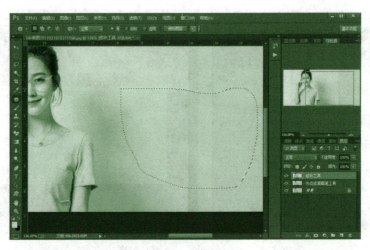

图4-1-7 最终效果

任务评价

项次	项目	要 求	分值	得分
1	污点修复工具	掌握污点修复工具的使用方法,修补后效果无瑕疵	50	
2	修补工具	掌握修补工具的使用方法,修补后效果无瑕疵	50	
		合计	100	

能力拓展

1. 扫描二维码,学习案例素材图片。
2. 从素材库中下载对应的素材,修复水印。

案例素材

4-4

项目四 图片污点修复

知识链接

1. 修复技巧：可扫描二维码，学习相关文章。
2. 修复要点：可扫描二维码，学习案例分析。

知识链接

任务2 修复人像

学习目标

掌握污点修复工具、修复画笔工具与修补工具的使用方法。

任务描述

拍摄人像时，总会在模特面部留下瑕疵，如痘痘、斑点等。本任务将通过案例演示学习修复人像的方法。现需要处理人像素材中面部的痘痘等瑕疵，要求你通过污点修复工具、修复画笔工具、修补工具等完全修复面部瑕疵。通过这一任务，更加深入地了解PhotoShop软件的功能，掌握该软件修复人像的操作技巧。

任务分析

高清的图片往往会毫无保留地呈现出皮肤上的瑕疵、斑点，使人像照片美中不足。采用相应工具可将脸部痘、痣、斑点去除。修补工具是PhotoShop强大的功能之一，可以用其他区域或图案中的像素来修复选中的区域。

任务准备

硬件要求：一台足够运行PhotoShop软件的电脑。
实操要求：素材图（从课程素材库中下载）。

步骤01：执行"文件"→"打开"命令。
步骤02：选择相应素材，再单击[打开]。
步骤03：按下快捷键[Ctrl]+[J]复制背景图层，再关闭背景图层的可见性，如图4-2-1所示。
步骤04：选择"污点修复工具"，鼠标左键在脸上有瑕疵的位置单击，痘痘被修复了，最终效果如图4-2-2所示。
步骤05：执行同样的操作，一点一点修复模特的皮肤。

4-5

图 4-2-1 复制图层

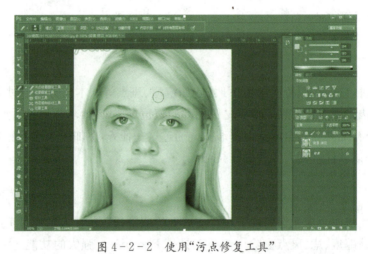

图 4-2-2 使用"污点修复工具"

步骤 06:"修复画笔工具"也能实现相同的效果。选择"修复画笔工具",鼠标左键单击脸上有瑕疵的位置,同时按下快捷键[Alt],选择脸上较好的皮肤作为取样点,修复有瑕疵的皮肤,如图 4-2-3 所示。

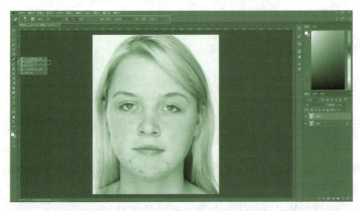

图 4-2-3 使用"修复画笔工具"

项目四　图片污点修复

步骤07：同样方法，一点一点修复模特的皮肤。

步骤08："修补工具"也可以实现同样的效果。在工具箱中选择"修补工具"，移动鼠标至目标区域（即脸上的痘痘），框选出来，按住鼠标左键向皮肤较好的区域拖动，松开鼠标后即可将目标区域的痘痘修补好，如图4-2-4所示。修补后的效果如图4-2-5所示。

图4-2-4　使用"修补工具"　　　　　　　　　图4-2-5　最终效果

任务评价

项次	项目	要求	分值	得分
1	污点修复工具	掌握污点修复工具使用方法，修补后效果无瑕疵	30	
2	修复画笔工具	掌握修复画笔工具的使用方法，修补后效果无瑕疵	30	
3	修补工具	掌握修补工具的使用方法，修补后效果无瑕疵	40	
		合计	100	

能力拓展

1. 扫描二维码，学习案例素材。
2. 从素材库中下载对应的素材，去除痘印。

知识链接

1. 去除复杂水印：可扫描二维码，学习相关文章。
2. 人像磨皮：可扫描二维码，学习案例分析。

案例素材

知识链接

模块二　商品图片的基本处理

项目五　校正产品色差与添加投影

想要网店上的产品图片给人视觉上的享受,色彩无论如何是不能忽视的。不同色彩的组合可以营造出完全不同的效果,给人的感受也大相径庭。

店主为了让自家的宝贝看起来更有诱惑力,都会请一些模特来拍摄一些照片。有时候摄影的效果并不能让人满意,往往需要后期PS处理。只有选择多样的色彩,并完美布局,才能得到好的PS效果。

网店视觉 设计与应用

任务 1　替换裤子颜色

学习目标

1. 学会利用通道建立选区并抠图。
2. 了解图层混合模式中"颜色"模式的使用并能利用其换色。

任务描述

淘宝展示的衣服往往有多种颜色供买家选择。而同一款衣服不同颜色,再次拍摄会耗费过多时间,很多情况下会使用PS做换色处理,完成同款服饰不同颜色的展示。现需要你对图片素材中的服饰做色彩调整。运用通道、色阶及画笔等基础的PS功能,处理素材图片,运用图层混色模式完成换色处理。

任务分析

在网店产品的展示图中,可以替换产品的颜色来达到同样的拍摄效果。需要通过调整色阶,来调整颜色。

任务准备

硬件要求:一台足够运行PhotoShop软件的电脑。
实操要求:产品图(素材可从素材库中下载)。

任务实施

步骤01:执行"文件"→"打开"命令。

步骤02:选择素材库中的相关素材,单击【打开】。

步骤03:复制背景图层,进入"通道"面板,右键复制"绿"通道,选中"绿副本",往下拖动复制一个,如图5-1-1所示。

步骤04:按快捷键[Ctrl]+[I],将通道颜色反相,按[Ctrl]+[L]键调整通道色阶,参数可根据图像确定,如图5-1-2所示。

步骤05:将"前景色"设置为"白色"。用"画笔工具"涂掉不需要换色的部分。画笔的属性可选择,涂抹后按住[Ctrl]键点击通道,载入选区,如图5-1-3、4所示。

步骤06:再返回到图层面板,在新的选区按下[Ctrl]+[J]键,复制一个新的图层,如图5-1-5所示。

项目五 校正产品色差与添加投影

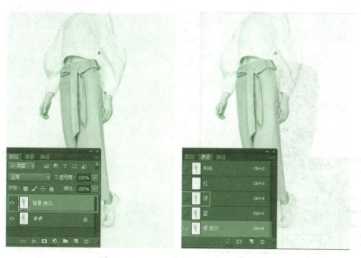

图 5-1-1 图层、通道的复制

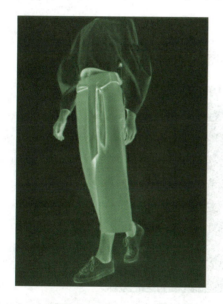

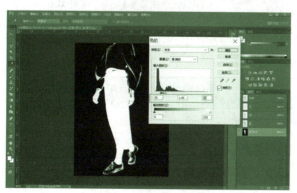

图 5-1-2 反相、色阶调整、返回反相

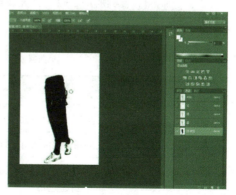

图 5-1-3 "画笔"涂抹

图 5-1-4 载入选区

图 5-1-5 "裤子"的新图层

步骤07：设置"前景色"，选中新图层，按[Alt]+[Backspace]键填充，将"混合模式"设置为"颜色"，效果如图 5-1-6 所示。如图 5-1-7 所示为最终效果。

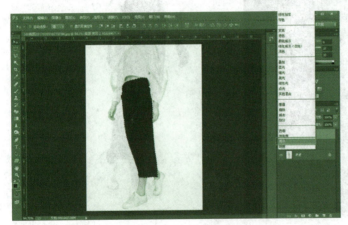

图 5-1-6 设置颜色

图 5-1-7 最终效果图

任务评价

项次	项目	要求	分值	得分
1	画笔工具	画笔大小精准掌控；画笔过渡柔和，不生硬	20	
2	色阶	调整色阶，矫正图像的色调范围	30	
3	通道	掌握通道的使用方法，存储图像的色彩资料，正确存储和创建选区	50	
合计			100	

项目五　校正产品色差与添加投影

能力拓展

1. 扫描二维码，学习案例素材图片。
2. 从素材库中下载对应的素材，替换裤子颜色。

案例素材

知识链接

换色教程：扫描二维码，学习相关教程。

知识链接

▶ 任务 2　给人物添加投影

学习目标

1. 掌握使用魔棒工具以及快速选择工具给人物抠图的方法。
2. 学会使用滤镜命令中高斯模糊对投影做虚化调整。

任务描述

合理地使用图片中的阴影，不仅可以让图片更具有自然的对比度与立体感，同时也能增加真实感，还可以传达内涵、表达情感。在平面设计当中，添加阴影是非常基础的操作，现需要给一张图片中的人物添加投影，要求人物抠图完整、边缘无瑕疵。调整好投影位置后，注意投影要进行高斯模糊处理，使投影更加自然。

任务分析

每一个优秀的合成，都有一个非常真实的光影组合。本任务处理人物的影子。由于光线直射，遇到不透光的物体，就会形成一个暗区，俗称影子。不论在什么设计中，光影是特别重要的，因为只要有光，就会有阴影。处理好光线和阴影，会让作品更真实。而影本身就是光的杰作，光影能让整个场景变得灵动、丰富，充满生命力。

任务准备

硬件要求：一台足够运行 PhotoShop 的电脑。
实操要求：产品图，文案（素材从素材库中下载）。

任务实施

步骤01：打开相应的素材。这里需要把模特抠出来。抠图有很多种方法，观察发现，对于白色背景的模特，选择"魔棒工具"+"快速选择工具"更便捷。

步骤02：在工具栏中选择"魔棒工具"，点击封闭的白色部分，画面出现"蚂蚁线"，按[Delete]键，删除白色部分，按[Ctrl]+[D]键取消选择，并陆续选中封闭的白色部分，删除，如图5-2-1所示。

步骤03：由于模特的发带也是白色的，与白背景融合，魔棒工具无法准确识别。因此，用"快速选择工具"+"魔棒工具"来选区抠图，如图5-2-2所示。

图5-2-1 魔棒工具

图5-2-2 快速选择工具

步骤04：用"魔棒工具"点击白色部分后，自动选区，发带部分也被选入。选中"快速选择工具"，按住[Alt]键，鼠标出现减号（代表减选，也就是减去选区）。沿着发带边缘擦出发带的选区，最后按[Delete]键删除白色选区即可（选区不要取消，还要调整发丝），如图5-2-3所示。

图5-2-3 魔棒抠图

步骤05：最后抠人物的发丝部分（这里为了抠图方便，给模特下面加了黄色图层，以便区分）。上面两个工具无法自然地抠出发丝的，所以用"快速选择工具"，选区出现"调整边缘"。调出对话框，如图5-2-3所示。用"调整半径工具"涂抹发丝需要去除的白色部分，如图5-2-4所示。

步骤06：对比黄色底部可以看出，此时发丝已经很自然地抠出来了，如图5-2-5所示。

提示：涂抹时尽量把头发全部涂上，如果有遗漏，可以把漏涂的地方再涂一次，直到全

项目五 校正产品色差与添加投影

图5-2-4 调整边缘

图5-2-5 细节优化

部头发都显示出来。如果头发丝之间还留有原背景色，在那里涂一下，效果满意后点击【确定】。

步骤07：模特已经抠好了，接下来给模特添加自然的投影。先把模特拖放到海报banner当中。

步骤08：将抠好的图片图层复制一层，然后将复制的图层的模特颜色填充为黑色（模特图层一定要在最上方），如图5-2-6所示。

步骤09：关掉图层0拷贝3的可见性，将图层0的拷贝2的透明度降低到10。现在仔细观察模特图，分析光线角度，锁定大概的位置。图中，光是从左到右照射，左边比右边要亮，所以右边为暗部，需要添加投影的位置为右边，如图5-2-7所示。

图 5-2-6 栅格化

图 5-2-7 添加投影

步骤10：先做从上到下的光线投影，选中"图层0拷贝2"，按[Ctrl]+[T]调出自由变换，将其向下压缩，使影子变扁，再做从左至右的投影，拉伸右边框，按[Enter]确定，如图5-2-8所示。还可整体向右稍做移动，以视觉上看起来自然为准。

步骤11：为了让影子更真实，需用到"高斯模糊"。执行"滤镜"→"模糊"→"高斯模糊"，参数值如图5-2-9所示。

图 5-2-8 投影

图 5-2-9 高斯模糊

步骤12：打开图层0拷贝3的可见性，按照上述操作，对图层0拷贝3进行相同操作。执行"滤镜"→"模糊"→"高斯模糊"，效果如图5-2-10所示。

项目五 校正产品色差与添加投影

图 5-2-10 效果图

任务评价

项次	项目	要求	分值	得分
1	魔棒工具	掌握魔棒使用方法；制作选区，抠图无瑕疵、无锯齿	20	
2	快速选择工具	掌握快速选择工具使用方法；制作选区，抠图无瑕疵、无锯齿	15	
3	海报合成	颜色使用合理，符合画面整体风格与主题	20	
4	自由变换	熟悉自由变换快捷键；等比例放大缩小，对象不变形	25	
5	高斯模糊	熟悉高斯模糊打开方式，模糊半径设置合理	20	
		合计	100	

能力拓展

1. 扫描二维码，学习案例视频。
2. 从素材库中下载对应的素材，根据模板合成一张海报。

知识链接

1. 光影叠加字：扫描二维码，学习相关文章。
2. 杯子加投影：扫描二维码，学习案例分析。

案例模板

知识链接

模块二 商品图片的基本处理

项目六 特效文字制作

很多海报总是苦于字体太单调,又不知如何让字体变形,体现层次感。其实,在字体设计时,不仅要注意美感,更要加一些创意,增加艺术字、特效字等,比如火焰字、冰晶字、粉笔字、霓虹灯特效字、烟雾特效字、金属字等。

本项目将从金属字、霓虹灯特效字的设计来学习特效字的制作。

网店视觉 设计与应用

任务1　金属质感文字制作

> 学习目标

1. 了解 PhotoShop 软件中自由变换工具、图层样式的应用。
2. 学会利用阴影造出文字笔触间的空间感。

> 任务描述

金属质感文字是一种经常使用的特效文字,网店购物节或者是店铺商品做活动期间,就会经常看到这类特效。最近有一个年货节,现需你设计一张"年货大集"图,要求你选择好颜色和笔触,运用直接选择工具,选中任意"锚点"调节字体形状,给字体添加金属纹理,然后加入素材并调整整体效果。

> 任务分析

合理应用图层样式,可以帮助制作特效字体。本任务巧用图层样式,制作金属质感字体,需要注意,图层样式中,每一步操作,字体都有不同变换。

> 任务准备

硬件要求:一台足够运行 PhotoShop 软件的电脑。
实操要求:笔触、金属纹理素材(素材可从素材库中下载)。

> 任务实施

步骤01:选中"文字工具",输入需要的文字。为了最终效果美观,每个字单独建立图层,方便后期调整及排版。字体为"汉仪程行简",如图6-1-1所示。

步骤02:调整字体的大小和位置排版。前期可以大致排一下,之后会再具体调整。

步骤03:字体的变形是本任务的关键。选用毛笔字体,给字体依次加上"毛笔笔触",让字体显得更饱满、生动。把毛笔笔触拖拽到 PhotoShop 中(笔触在素材库中下载),用"选区工具"框选出需要的笔触,如图6-1-2所示。

步骤04:按下快捷键[V]键,切换到"移动工具",拖拽刚才选区的笔触到编辑的 PS 文件中。使用"自由变换工具(T)",调整好笔触大小并对齐,如图6-1-3所示。

项目六 特效文字制作

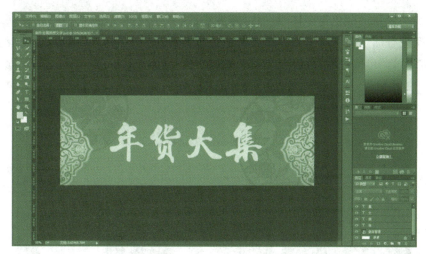

图 6-1-1 输入文字

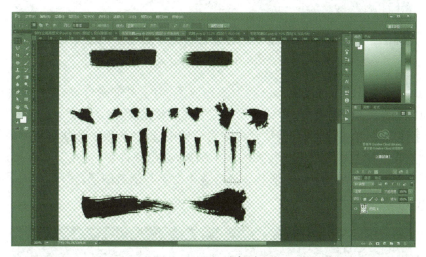

图 6-1-2 选择笔触

图 6-1-3 调整笔触

步骤05：笔触的颜色与字体不一致，需要更改，方便观察及融合。执行"图层"→"图层样式"→"颜色叠加"（或者双击当前图层空白位置），弹出"图层样式"面板，点击"混合模式"旁边色块，即可调出拾色器，直接在文字上吸取颜色，具体参数如图6-1-4所示。

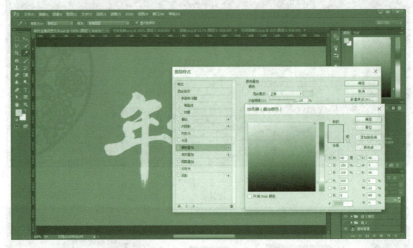

图 6-1-4　图层样式

步骤06：到这里字体拼接变形已经大致完成了，为了更加融合，需要把字体转换成形状，这样可以随意变换字体的任意"锚点"，改变字体形状轮廓。

选中字体图层，单击鼠标右键，从弹出的对话框中选择"转换为形状"，将字体转换为形状。使用"直接选择工具"，单击已转换的文字图形，会出现许多"锚点"。"直接选择工具"下，选中任意"锚点"可调节字体的形状。最后选中文字与笔触图层，按［Ctrl］＋［E］键合并图层，如图6-1-5所示。

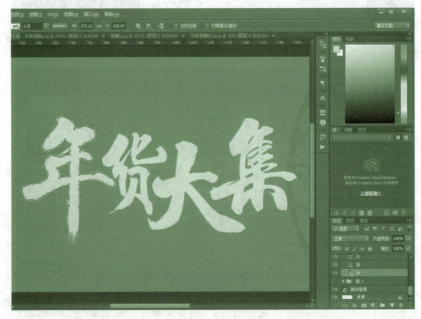

图 6-1-5　调整轮廓

图6-1-6所示是加好笔触之后的效果,比原字体更加生动,有冲击力。

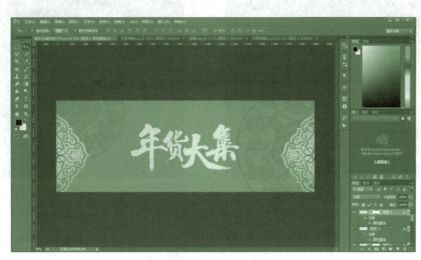

图6-1-6 笔触效果

步骤07:给字体添加金属纹理,使字体更加立体,视觉效果更好。首先把素材库中的金属材质图片拖入PS文件,必须置于文字图层上方。单击鼠标右键,从弹出的菜单中选择"创建剪贴蒙版"([Ctrl]+[Alt]+[G]),上层金属素材就剪切到文字里了。每个文字图层依次操作,效果如图6-1-7所示。

图6-1-7 金属效果

步骤08:金属素材剪切进去之后,点击添加色相饱和度与自然饱和度,让字体颜色看起来更加饱满,如图6-1-8、9所示。

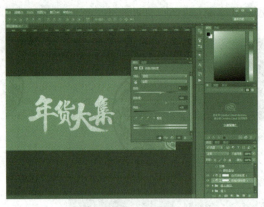
图6-1-8 色相饱和度

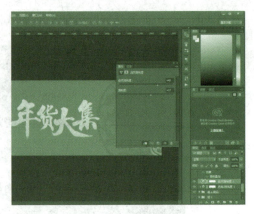
图6-1-9 自然饱和度

步骤09：最后给文字图层添加投影。按[Ctrl]+[G]键将4个字图层分组，双击组的空白处调出"图层样式"，选中最下方的"投影"选项（注意：要点击投影两个字，而不是勾选，变成蓝色后才是选中）。调节各项参数后确定即可。一般投影的颜色吸取画面主色调加深即可，这里用深红色，如图6-1-10所示。

步骤10：添加字体的前后交错效果，让字体更有层次感。确定好文字交错的笔画（参考平时写字时的笔画），在文字图层上新建一个空白图层，按住[Alt]键剪切空白图层到文字图层，空白图层命名为"前后交错"。使用"钢笔工具"（选择路径）或者"套索工具"画出想要交错的位置，参考选区如图6-1-11所示。

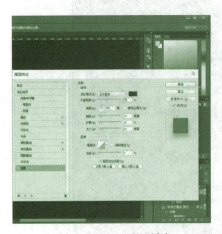
图6-1-10 图层样式

图6-1-11 创建选区

步骤11：选中"渐变工具"，调出"渐变编辑器"，如图6-1-12所示。渐变颜色为渐变黑，左边不透明度为100%，右边不透明度改成0%。确定后，在选区中拉动鼠标，黑色阴影就画好了。

后期可以根据需要，调整前后交错图层的"不透明度"，使画面更好地融合。按照上面的方法可以做完4个字的交错阴影。

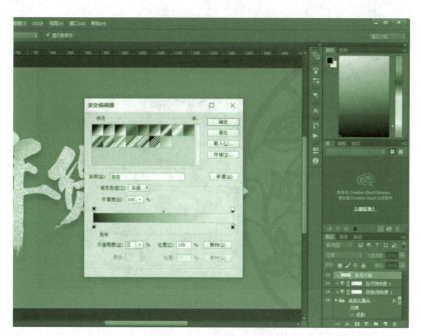

图 6-1-12 渐变编辑器

步骤12：如图 6-1-13 所示，添加阴影效果。

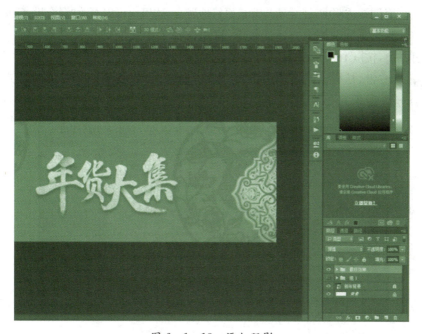

图 6-1-13 添加阴影

步骤13：金属字体交错设计已经完成，最后添加一些点缀饰品，让字体更富有动感。直接把素材库中对应的光效素材拖入 PS 文件中，"图层模式"改为"滤色"（为了去除光效的背景），如图 6-1-14 所示。

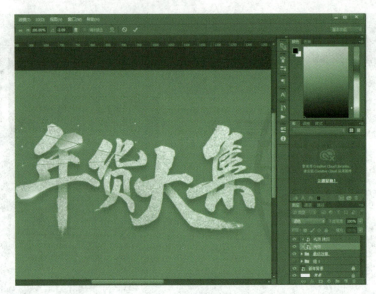

图 6-1-14 添加光效

步骤 14：光效素材按照文字走向变化，按［Ctrl］+［T］键，配合鼠标右键，将光效变形调整至合适的效果。可以根据需要降低素材的不透明度。依据以上步骤依次给文字图层加上光效即可。

步骤 15：添加一些新年的饰品点缀，烘托出主题。将素材库中的祥云素材拖到 PS 中，放在文字的下方，降低不透明度，让元素与背景更好地融合，这里也可以更改"混合模式"来融合。

步骤 16：整个画面两侧上方还比较空，这里选择了中式的灯笼素材来装饰。拖入灯笼后放在页面左边，按［Ctrl］+［J］复制灯笼图层并拖到右边，按［Ctrl］+［T］调出"自由变换"工具，单击鼠标右键，从弹出的菜单中选择"水平翻转"，可以得到两个对称的灯笼装饰。效果如图 6-1-15 所示。

图 6-1-15 添加点缀

步骤 17：最后在字体附近空白处，添加烟花素材，让画面更加丰富。需要注意的是，点缀烟花不需要添加太多；添加时注意远近、大小、虚实对比，可以通过缩放、降低不透明度实现，最终效果如图 6-1-16 所示。

项目六 特效文字制作

图 6-1-16　最终效果图

任务评价

项次	项目	要　　求	分值	得分
1	金属纹理	掌握剪贴蒙板使用技巧	10	
2	图片	按等比缩放图片,不失真,不变形	10	
3	图层样式	掌握描边;描边大小合理,不影响字体留白	20	
4		掌握内发光,内发光颜色与主题颜色接近	20	
5		掌握颜色叠加,颜色设置合理	20	
6		掌握投影;大小合理,颜色柔和,不过度强烈	20	
	合计		100	

能力拓展

运用案例中的笔触、金属纹理和背景等素材,制作一个"双十一特惠"的金属质感特效,可以更改相关素材的颜色或图层样式。

知识链接

17 种设计字体的创意方法:扫描二维码,学习相关文章。

知识链接

任务 2　霓虹灯字效制作

学习目标

1. 学会设计字体。
2. 掌握图层样式调色的方法。

任务描述

流行时尚仿佛就是一个圆环,来来回回总是循环着。渐变本就是吸引眼球的色彩搭配,霓虹灯也正是利用了这种特点给人以深刻印象。现在需要你运用 PhotoShop 软件设计制作出霓虹灯字体效果。调整素材的大小和位置,然后用图层样式将字体调色,使用混合选项中的描边、内发光、外发光、颜色叠加等工具合理调整,最终制作出霓虹灯字体的效果图。

任务分析

不同的字体有不同的造型特点,有的清秀,有的优美,有的规整,有的醒目,有的自由豪放,有的欢快轻盈,有的苍劲古朴。不同的内容应该选择不同的字体,用字体特点去体现特定的内容。字体的选择首先是一种感性、直观的行为,还要考虑平面设计的总体设想和阅读者的需要。本任务中的霓虹灯字效适用于各种潮牌以及酒吧等特色鲜明的品牌宣传。

任务准备

硬件要求:一台足够运行 PhotoShop 软件的电脑。
实操要求:背景素材、字体素材(素材可从素材库中下载)。

任务实施

步骤 01:执行"文件"→"打开"([Ctrl]+[O])命令。

步骤 02:依次打开"背景"素材与字体素材"情暖冬日"。

步骤 03:将鼠标移动到红圈处,如图 6-2-1 所示,按[Shift]键将文字同比例放大;单击鼠标左键不放,可拖动图片位置,确认好摆放位置以及大小后,按[Enter]完成,效果如图 6-2-2 所示。

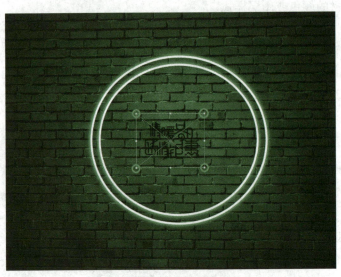

图 6-2-1 字体缩放

项目六 特效文字制作

图6-2-2 调整效果

图6-2-3 选择混合选项

步骤04：选择文字图层，单击鼠标右键，如图6-2-3所示。选择"混合选项"调整文字图层，参数如图6-2-4所示。

图6-2-4 图层样式

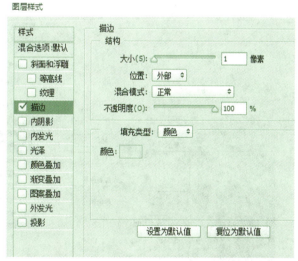

图6-2-5 勾选描边

步骤05：勾选"描边"，如图6-2-5所示。设置描边属性大小为1像素，位置为外部，颜色为#33f2fe，不透明度为100%，"混合模式"为正常，颜色参数如图6-2-6所示。

步骤06：勾选"内发光"，设置内发光属性，如图6-2-7所示。将"混合模式"设为正片叠底，不透明度为100%，杂色设为0%，颜色为#20e5fc，方法为柔和，源选项为居中，阻塞为64%，大小为10像素，范围为50%，抖动调至0%。如图6-2-8所示为颜色参数，具体参数如图6-2-9所示。

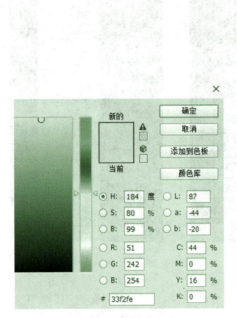

图 6-2-6　描边颜色

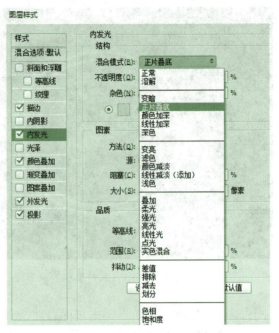

图 6-2-7　内发光设置

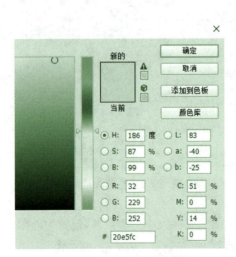

图 6-2-8　内发光颜色

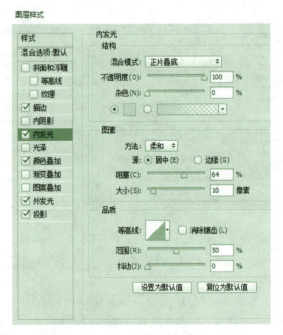

图 6-2-9　内发光属性

步骤07：勾选"颜色叠加"，设置颜色叠加属性。不透明度为100%，颜色为#affcf7。如图 6-2-10 所示为颜色参数，图 6-2-11 所示为具体参数。

项目六 特效文字制作

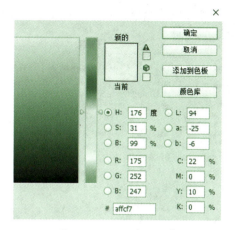

图 6-2-10 叠加颜色　　　　　　　　　图 6-2-11 颜色叠加属性

步骤 08：勾选"外发光"，设置外发光属性。"混合模式"为"线性减淡（添加）"，不透明度为 55％，杂色为 0％，颜色为♯cf11ff，方法为柔和，扩展为 4％，大小为 54 像素，范围为 50％，抖动为 0％。如图 6-2-12 所示为颜色参数，图 6-2-13 所示为具体参数。

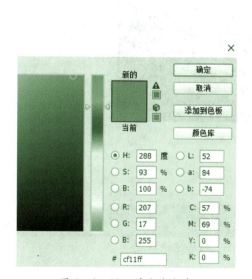
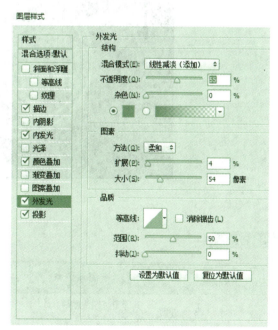

图 6-2-12 外发光颜色　　　　　　　　图 6-2-13 外发光属性

步骤 09：勾选"投影"，按图 6-2-14 所示参数设置投影属性。将"混合模式"设为"正片叠底"，不透明度为 100％，颜色设为黑色，角度为－30，不勾选"使用全局光"，距离为 31 像素，扩展为 0％，大小为 16 像素。如图 6-2-15 所示，选择第二个等高线。杂色为 0％，勾选"图层挖空投影"。如图 6-2-16 所示的最终效果图。

6-13

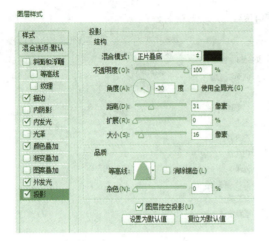

图6-2-14 投影属性

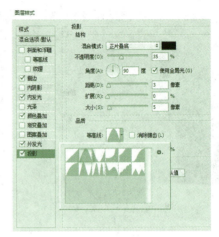

图6-2-15 设置等高线

图6-2-16 最终效果图

任务评价

项次	项目	要求	分值	得分
1	自由变换	掌握快捷键[Ctrl]+[T]操作方法；等比例缩放，不变形	20	
2	图层样式	掌握描边的方法；合理设置各项参数，文字效果美观	20	
3	内(外)发光	合理设置各项参数，文字效果美观	20	
4	颜色叠加	合理设置参数，文字效果美观	20	
5	投影	合理设置各项参数，文字效果美观	20	
		合计	100	

项目六　特效文字制作

能力拓展

1. 扫描二维码,学习教程。
2. 从素材库中下载对应的素材,根据教程制作相应的字体效果。

素材

知识链接

文字工具:扫描二维码,学习相关文章。

知识链接

模块二 商品图片的基本处理

项目七　人物与产品精修

目前市面上有许多图像处理软件,其中美图秀秀等傻瓜式软件虽然用起来方便,但修图效果却远远不及 PhotoShop。PhotoShop 中有许多功能都可用于后期修图,即使是很细微的变动都可对最后的图像效果有很大的影响。

本项目通过人像磨皮、化妆品产品精修等任务学习 PS 后期修图。

任务1　人像磨皮

学习目标

1. 了解 PhotoShop 软件中污点修复画笔、曲线以及蒙版等工具的应用。
2. 学会利用画笔工具与蒙版磨皮处理。

任务描述

PhotoShop 软件修图的一项重要技术就是人像磨皮，磨皮的作用是让肤质变得细腻、圆润，充满年轻活力。现在需要你用 PhotoShop 软件对素材图片进行人像磨皮处理，使用修复瑕疵、整体修饰、光影调整、添加背景等方法处理人像，然后结合污点修复画笔、曲线以及蒙版等工具的运用，完成修图。

任务分析

人物皮肤的肤色以及光泽度等因素，对人像图片整体的美观起着决定性的作用。一般人像修图顺序为：首先做照片的基础修饰，然后加强对光影的塑造和优化，接着精细刻画画面元素，最后完成调色。

任务准备

硬件要求：一台足够运行 PhotoShop 软件的电脑。
实操要求：素材图（素材可从素材库中下载）。

任务实施

步骤01：如图7-1-1所示打开相应素材，新建图层命名为"基本修饰"。选择"污点修复画笔工具"，将画笔大小调整到15像素。污点修复画笔工具的属性栏中勾选"对所有图层取样"，用污点修复画笔工具单击人像中较大的瑕疵，如图7-1-2所示。

图7-1-1　基本修饰

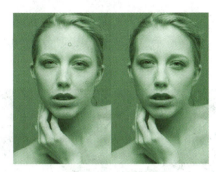

图 7-1-2 修复瑕疵

图 7-1-3 观察层

步骤02：新建"观察层"，用"曲线"分别压暗和调亮图层，并分别给图层添加"蒙版"。在黑白图像下把暗的地方提亮，把亮的地方压暗，画笔"明度"和"流量值"都设置为10%。图 7-1-3 所示为观察层，图 7-1-4 所示为黑白图像下的压暗与提亮，图 7-1-5 所示为调整后的效果。

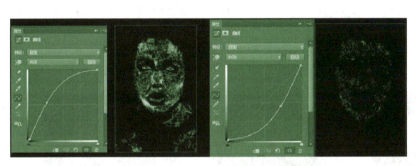

图 7-1-4 黑白图像调整

图 7-1-5 调整效果

步骤03：用"画笔工具"在"蒙版"上涂抹，让暗面到亮面之间的转折面过渡自然，效果如图 7-1-6 所示。

步骤04：按[Ctrl]+[Alt]+[2]键，选取画面中的高光部分，如图 7-1-7 所示。添加"白色纯色样式"，提亮高光，执行"高斯模糊"，让高光更加自然，效果如图 7-1-8 所示。

图 7-1-6 蒙版涂抹效果

图 7-1-7 颜色填充

图 7-1-8 高光效果

步骤05：用"曲线""色彩平衡""可选颜色""自然饱和度"等样式，根据喜欢的方式调色。这里使用了自然饱和度与曲线来调色，如图7-1-9所示。图7-1-10所示为调整参数，图7-1-11为调色后的效果。

图7-1-9　样式图层　　　　　　　　图7-1-10　调整参数

步骤06：用"钢笔工具"配合"通道"，如图7-1-12所示，抠出人像。新建背景图层，用"渐变工具"添加渐变色背景图层，即可得到图7-1-13所示的最终效果图。

图7-1-11　调色效果　　　　图7-1-12　抠出人像　　　　图7-1-13　最终效果

▍任务评价▕

项次	项目	要　　求	分值	得分
1	修复瑕疵	学会搭配使用修复工具、修补工具、图章工具修复瑕疵	25	
2	整体修饰	掌握曲线工具的使用方法；曲线调整符合画面色调；亮与暗的对比适中	25	

项目七　人物与产品精修

续表

项次	项目	要　求	分值	得分
3	光影调整	掌握曲线、色彩平衡、可选颜色、自然饱和度等功能调色方法，画面协调统一	25	
4	添加背景	掌握钢笔工具的使用方法；曲线效果流畅顺滑，不起转角	25	
	合计		100	

> 能力拓展

从素材库中下载对应的人像素材，按本任务方法精修处理。

> 知识链接

妆面精修调色解析：扫描二维码，学习相关文章。

能力拓展

知识链接

▶ 任务 2　化妆品产品精修

> 学习目标

1. 了解 PhotoShop 软件中滤镜、自由变换等工具的应用。
2. 学会分析产品材质并使用图层样式精修。

> 任务描述

产品和人像精修都是设计师必须掌握的技能，产品精修直接影响整体的效果。现在需要你利用 PhotoShop 软件对化妆品进行精修处理。你可以先分析化妆品的产品材质，然后使用钢笔工具勾勒出化妆品的形状，最后使用滤镜、自由变换、图层样式等工具调整产品，最终完成化妆品精修效果图。

> 任务分析

产品图片是买家了解产品的重要途径，决定买家对产品的第一印象，甚至影响到买家最终的决定。因此，产品图片的设计及处理是不能忽视的。不同的产品，处理方式不同。拿到一个产品应先观察，再动手做相关处理。需要先观察产品形体、结构之间的转折；分析材质与反射之间的影响等。本任务将以化妆品为例，通过对化妆品产品的精修，进一步了解精修方法。

> 任务准备

硬件要求：一台足够运行 PhotoShop 软件的电脑。

7-5

实操要求：化妆品素材图（素材可从素材库中下载）。

 任务实施

步骤01：执行"文件"→"新建"（[Ctrl]+[N]）命令，画布大小设置为2 000像素×2 000像素，如图7-2-1所示。

步骤02：选择"钢笔工具"，将瓶身轮廓抠出一半，按[Ctrl]+[Enter]键将"路径"转化为"选区"。新建图层，将选区内容填充为白色。按[Alt]并点击左键复制图层，按[Ctrl]+[T]键，右键单击选择"水平翻转"，调整位置，调整好后将两个图层合并（[Ctrl]+[E]），如图7-2-2所示。

图7-2-1 新建

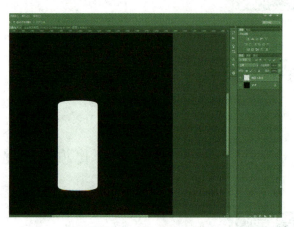

图7-2-2 瓶身轮廓

步骤03：右键单击选择"混合选项"→"渐变叠加"，角度设置为0，渐变色依次设置为♯246763、♯4a958d、♯0d5159、♯4a958d、♯1b4949，"样式"设为"线性"，勾选"与图层对齐"。选择"混合选项"→"斜面和浮雕"，"样式"设为"内斜面"，深度为100%，大小为5，角度为120度，勾选"使用全局光"。如图7-2-3所示为"渐变叠加"参数，图7-2-4所示为渐变颜色设置，图7-2-5所示为"斜面和浮雕"设置参数，图7-2-6为设置效果。

图7-2-3 渐变叠加

图7-2-4 颜色设置

项目七 人物与产品精修

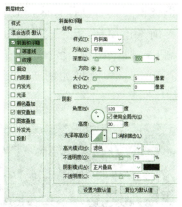

图 7-2-5 斜面和浮雕参数

图 7-2-6 效果图

步骤04：选择"矩形选框工具"，创建选区，将前景色设置为♯044a4b，如图 7-2-7 所示。按[Alt]＋[Delete]键前景色填充，填充效果如图 7-2-8 所示；按[Ctrl]＋[D]键取消选区，执行"滤镜"→"模糊"→"高斯模糊"命令，如图 7-2-9 所示，高斯模糊半径设置为 6 像素。最终填充效果如图 7-2-10 所示。

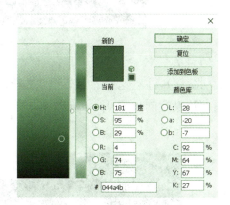

图 7-2-7 前景色修改

图 7-2-8 颜色填充

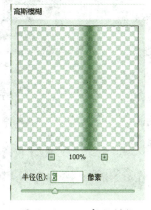

图 7-2-9 高斯模糊

图 7-2-10 效果图

步骤05：使用相同方法做出瓶身高光部分。选择"矩形选框工具"，创建选区，如图7-2-11所示，将前景色设置为#c1e0db；按[Alt]+[Delete]键前景色填充，填充效果如图7-2-12所示；按[Ctrl]+[D]键取消选区，执行"滤镜"→"模糊"→"高斯模糊"命令，半径设置为10像素。按[Alt]键，移动复制图层，按[Ctrl]+[T]键调整大小，效果如图7-2-13所示。

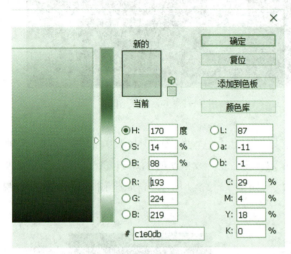

图7-2-11　前景色设置

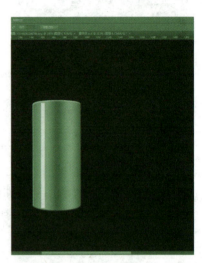

图7-2-12　颜色填充

步骤06：重复上述步骤，将做出另一边的高光部分，注意这里的明亮程度要比另一边的暗些。如图7-2-14所示填充颜色，高斯模糊参数设置同步骤05，填充效果如图7-2-15所示。

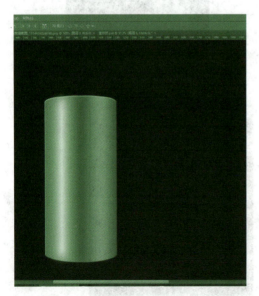

图7-2-13　效果图

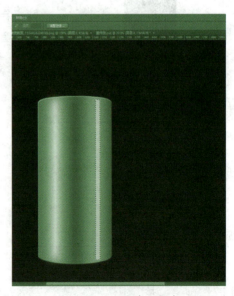

图7-2-14　填充颜色

项目七 人物与产品精修

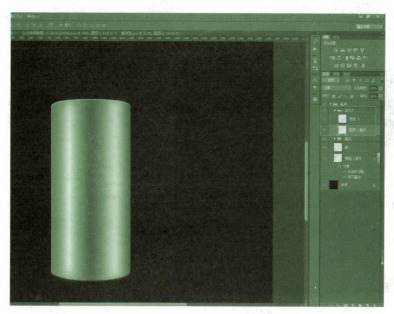

图 7-2-15 效果图

步骤 07：选择"文字工具"，字体设置为"方正兰亭超细黑"，字号为 26，字间距为 96。颜色为白色，输入文案"OlAy"，按[Enter]键确认。选择"文字工具"，字体设置为"方正兰亭超细黑"，字号为 6.5，字间距为 0，颜色为白色，输入文案"WHITE RADIANCE""light-perfecting essence"，按[Enter]键确认。整体效果如图 7-2-16 所示。

图 7-2-16 整体文案

步骤 08：新建图层，使用"钢笔工具"绘制如图 7-2-17 所示瓶盖，将"路径"转化为"选区"，填充白色。右键单击选择"混合选项"→"渐变叠加"，渐变使用黑、白、灰 3 色，调出瓶身

7-9

亮部、暗部、反光等部分,渐变设置如图7-2-18所示;"混合模式"设为"正常","样式"为"线性",角度为0。具体参数如图7-2-19所示。

图7-2-17 钢笔工具

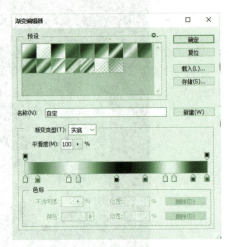

图7-2-18 渐变色设置

步骤09:选择"混合选项"→"投影","混合模式"设为"正常",不透明度为75%,角度为120,不勾选"使用全局光"。如图7-2-20所示为瓶盖效果。

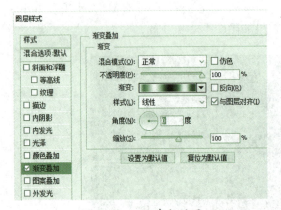

图7-2-19 参数设置

图7-2-20 瓶盖效果

步骤10:使用"钢笔工具"绘制瓶盖最上方的"奶嘴",新建图层将其填充为白色。右键单击选择"混合选项"→"渐变叠加"。如图7-2-21所示设置渐变,渐变浅色为#dedede,渐变深色为#b6b6b0;"混合模式"设为"正常","样式"为"线性",角度为0。

步骤11:选择"混合选项"→"投影",将"混合模式"设为"正片叠底",不透明度为29%,角度为173度。选择"混合选项"→"斜面和浮雕","样式"设为"内斜面","方法"设为"平滑",深度设为100%,大小设为1像素,软化设为11像素,角度设为90度,高度设为53度,不勾选"使用全局光","高光模式"为"滤色","阴影模式"为"正片叠底"。效果如图7-2-22所示。

项目七 人物与产品精修

图 7-2-21 渐变色设置

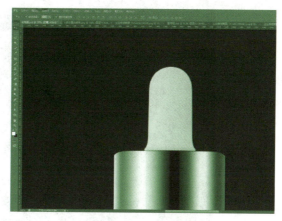

图 7-2-22 奶嘴效果

步骤12：新建图层，如图7-2-23所示，使用"画笔工具"画出"奶嘴"高光部分及细节部分。新建图层，使用"画笔工具"修改背景，突出产品。修改效果如图7-2-24所示。

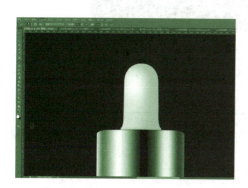

图 7-2-23 增加细节

图 7-2-24 背景修改

步骤13：新建图层，使用"画笔工具"画出如图7-2-25所示的化妆品阴影，按［Ctrl］+［T］键调整大小。新建图层，使用"画笔工具"，如图7-2-26所示添加产品细节，画好后按［Ctrl］+［M］键调出"曲线工具"，将整体画面调亮。最终效果如图7-2-27所示。

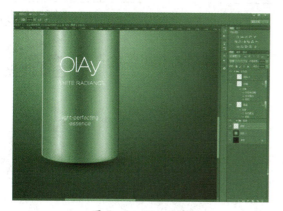

图 7-2-25 阴影

图 7-2-26 添加细节

网店视觉 设计与应用

图7-2-27 最终效果

任务评价

项次	项目	要求	分值	得分
1	钢笔工具	掌握钢笔工具用法	20	
2	图片	按等比缩放图片,不失真,不变形	20	
3	斜面与浮雕	掌握斜面与浮雕用法,效果协调	20	
4	图层样式	掌握颜色叠加技巧,颜色设置合理	20	
5		掌握投影技巧;大小合理,颜色柔和,不过度强烈	20	
		合计	100	

能力拓展

扫描二维码,从课程素材库中下载对应的素材,根据素材所示效果,精修产品。

素材

知识链接

化妆品产品精修讲解:扫描二维码,学习相关文章。

知识链接

模块三 网店主要模块设计与应用

> 店铺的运营不仅需要专业的运营策略，而且需要有好看的门面装修。店铺好比一台电脑，运营就是硬件，而一个主题清晰、冲击力强的店铺装修就是软件。软件的作用就是给予用户良好的视觉感观和体验。店铺的良好运营需要不断地摸索、学习、总结，但是店铺的装修设计可以一步到位。
>
> 本模块主要学习网店主要模块设计与应用。通过店标视觉设计、店招视觉设计、主图视觉设计、海报视觉设计、详情页视觉设计、首页视觉设计、店铺装修等步骤来展开学习任务。

项目八　店标视觉设计

　　标识是一种图形传播符号，它以精练的形象向人们表达一定的含义，通过典型的符号特征，传达特定的信息。店铺标识是网店的无形资产，是网店综合信息传递的媒介。

　　标识作为视觉图形，有强烈的传达功能，在世界范围内被人们理解、使用，并成为国际化的视觉语言。在店铺及商品上出现标识可以加深客户对店铺和产品的印象。网店标识在商品和品牌形象传递的过程中，是运用最广泛、出现频率最高的，同时也是最关键的元素。

任务1 女装店铺店标设计

学习目标

1. 能够运用文字工具、形状工具、钢笔工具等设计笔画。
2. 掌握笔画排版设计技巧。

任务描述

网店店标要展示的内容取决于店铺的运营范围,店铺的风格不同,店标设计也应不同。例如,某淘宝店铺经营范围为女装,那么,俏皮的风格和粉红色元素会更加符合店铺风格。为了能够让店铺的店标设计更优秀,现在要求你设计一个女装店的标识。你可以先收集素材集,明确店铺标识的构思,然后运用文字、画笔、钢笔等工具设计,最终呈现富有记忆点且符合宝贝风格的店铺标识。

任务分析

店标是店铺最重要的标志之一,好的店标可以给买家留下深刻的印象,让买家更容易记住店铺。

制作店标之前,需要先了解店标的尺寸要求。在设计时,往往会因为尺寸处理不当,导致清晰度不高,所以要先确定好尺寸。主次不分也是常犯的一个错误,无论是图文结合还是单纯文字变形,都需要确定谁是主要的谁是次要的,分清主次会使画面清楚地展示重点,用户才能更直观地了解设计意图。

任务准备

硬件要求:一台足够运行 PhotoShop 软件的电脑。
实操要求:效果参考图(素材可从素材库中下载)。

任务实施

步骤01:收集参考素材。根据店铺定位,确定设计风格,如图 8-1-1 所示。
步骤02:分析提炼信息。要营造一种俏皮女装的风格和感觉,受图中案例启发,选择粉红色。
步骤03:从构思方法中确定创意。确定用"八月衣舍"的全名组合创意。字体设计中笔画是重点,而且一定要统一风格。笔画要根据定位感觉设计。女性服装品牌的设计笔画要柔和一些。

女孩儿　　　　　　　　俏皮　　　　　　　　青春

图 8-1-1　收集参考素材

步骤 04：在 PS 软件中绘制如图 8-1-2 所示笔画，每个笔画都用单独的形状图层。

图 8-1-2　绘制笔画

步骤 05：用"文字工具"在工作区域中输入"八月衣舍"4 个字，并调整到合适大小。

步骤 06：将文字图层的透明度调至 30%。然后将之前绘制的笔画按照笔顺，放置在文字图层之上，如图 8-1-3 所示。

图 8-1-3　拼凑笔画

步骤 07：微调笔画位置，填充黑色。

步骤 08：细节都处理好后，添加一些辅助元素，增加设计感，如图 8-1-4 所示。

图 8-1-4　辅助元素

步骤09：抓住"俏皮"这个点，再深入优化，整体向右倾斜20°，增加动感。最后添加专用色♯e2027f，如图8-1-5、6。

图8-1-5　效果图8

图8-1-6　效果图2

如图8-1-7所示为标识效果。可根据反馈意见进一步修改完善。

图8-1-7　标识

项目八 店标视觉设计

任务评价

项次	项目	要求	分值	得分
1	钢笔工具	贝塞尔曲线不卡角；线条连贯，起伏流畅	25	
2	构思创意	构思创意新颖，适合风格设定	25	
3	自由变换	掌握快捷键[Ctrl]+[T]操作方法；等比例缩放，不变形	25	
4	画面美感	画面色调协调、舒适、统一；排版美观，视觉效果强	25	
		合计	100	

能力拓展

1. 扫描二维码，学习案例模板。
2. 从素材库中下载对应的素材，根据模板设计店标。

素材模板

知识链接

1. 标识设计：扫描二维码，学习相关文章。
2. 标识设计技巧：扫描二维码，学习案例分析。

知识链接

▶任务 2　医药店铺店标设计

学习目标

1. 学会使用钢笔工具绘制卡通外形和设计文字。
2. 掌握绘制卡通外形及修改字体的操作技巧。

任务描述

设计店标时要凸显店铺的主营业务，使消费者更容易辨别店铺的商品类别。现有一家医药店铺需要你为其设计店标，要求店标具有识别性。你可以使用钢笔工具为医药店铺设计卡通医生外形，修改店铺名称的字体颜色并排版，使店标画面色调协调舒适，提高视觉效果。

任务分析

店标的构成主要分为文字标识、图案标识与组合标识 3 种。文字标识主要是以文字和拼音字母等单独构成，适用于多种传播方式。图案标识仅用图形，比较形象生动，易于识别，但表意不如文字标识准确。组合标识由文字和图案组合而成，结合了文字标识及图案标识的优点,形象生动,且易于识别。

店标的构图要富有创意,赋予店标特有的识别性;店标含义深刻,符合店铺经营理念与文化特色。店标一旦确定,不可随意更改。

任务准备

硬件要求:一台足够运行 PhotoShop 软件的电脑。
实操要求:素材图,文案(素材可从素材库中下载)。

任务实施

步骤01:新建(快捷键[Ctrl]+[N])3 090 像素×1 340 像素的白底画布,分辨率300 像素。

步骤02:借助"矩形工具"确定图标的尺寸。如图 8-2-1 所示,右键点击"矩形工具"(快捷键[U]),创建 3 040 像素×1 150 像素的矩形,矩形参数如图 8-2-2 所示。

图 8-2-1　矩形工具

图 8-2-2　矩形参数

步骤03:移动矩形,将矩形放置于画布中心。矩形选择无颜色填充,边框描边为1像素,颜色为♯000000。

步骤04:如图 8-2-3 所示,确定店铺图标上人物和文字的放置位置。使用"矩形选框工具",边框填充颜色为♯000000,人物位置大小为 524.50 像素×665.50 像素,中文位置大小为 2 086.50 像素×601.00 像素,英文位置大小为 2 085.50 像素×1 085.50 像素,如图 8-2-4 所示。

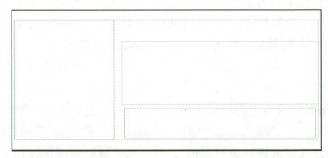

图 8-2-3　店铺图标位置

图 8-2-4　人物、中文、英文位置

步骤 05：新建图层，如图 8-2-5 所示，使用"钢笔工具"绘制人物外形。在菜单栏中点击"编辑"→"描边"，描边参数如图 8-2-6 所示，宽度为 5 像素，边框填充♯000000。

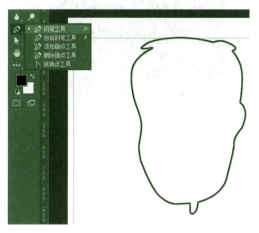

图 8-2-5 人物外形

图 8-2-6 描边参数

步骤 06：继续使用"钢笔工具"绘制脸部细节，边框填充♯000000，如图 8-2-7 所示。

步骤 07：右键选择"椭圆选框工具"绘制眼睛，按［Ctrl］+［T］，调整圆形大小。

步骤 08：使用"油漆桶工具"填充眼睛颜色，按［Ctrl］+［D］取消选区，眼睛部分填充♯000000，瞳孔颜色填充♯ffffff，填充效果如图 8-2-8 所示。

步骤 09：使用"钢笔工具"绘制耳朵，接着用"油漆桶工具"填充脸部和耳朵的颜色，脸部颜色填充♯f7d4b3，耳朵颜色填充♯f7cb9b，如图 8-2-9 所示。

图 8-2-7 脸部细节

图 8-2-8 眼睛填充

图 8-2-9 颜色填充

步骤 10：使用"钢笔工具"绘制镜片，接着用"油漆桶工具"填充镜片"颜色填充"♯ffffff。在"工具属性栏"将镜框图层的透明度调到 40%，如图 8-2-10、11 所示。

图 8-2-10 眼镜效果

图 8-2-11 调节透明度

步骤 11：外框圆形使用"椭圆选框工具"，按[Alt]+[Shift]键绘画出正圆形。按[Ctrl]+[D]取消选区，用"油漆桶工具"填充颜色。接着使用"移动工具"调节位置，按[Ctrl]+[T]调节大小，按[Enter]键确认位置。蓝色部分填充♯0075c1，白色部分填充♯ffffff，如图 8-2-12 所示。

步骤 12：使用"钢笔工具"绘制医生身体和其他细节部分后，用"油漆桶工具"填充颜色，蓝色衣服填充♯0075c1，白色衣服填充♯ffffff，手填充♯f7d4b3，红色十字标志填充 dc2a53，添加效果如图 8-2-13 所示。

图 8-2-12 外框圆形

图 8-2-13 整体人物部分

步骤 13：如图 8-2-14 所示，中文字体用"汉仪粗圆简"，字体大小为 668.65 像素，调节字符间距 10。效果如图 8-2-15 所示。

图 8-2-14 字体参数

图 8-2-15 字体效果

项目八　店标视觉设计

步骤14：如图8-2-16所示，用"钢笔工具"，选择"形状"，无填充，描边颜色为♯0075c1，60像素，效果如图8-2-17所示。

图8-2-16　钢笔工具-形状　　　　　图8-2-17　中文文字

步骤15：英文用"汉仪粗圆简"，大小为361.11像素，调节字符间距10，字体颜色为♯6c6e70。最终效果如图8-2-18所示。

图8-2-18　最终店铺标识

任务评价

项次	项目	要求	分值	得分
1	形状工具	掌握形状工具的快捷键操作方法，形状参数的设置	20	
2	钢笔工具	图像完整无缺漏；图像边缘工整，无锯齿	20	
3	自由变换	掌握快捷键[Ctrl]+[T]操作方法，调整图像形状	20	
4	文字工具	会编辑文字及修改字体颜色、选择字体、设置行间距	20	
5	画面美感	画面色调协调、舒适、统一；排版美观，视觉效果强	20	
		合计	100	

能力拓展

1. 扫描二维码，观看案例模板。
2. 从素材库中下载对应的素材，根据模板设计一个店标。

知识链接

PS形状工具的运用：扫描二维码，学习相关文章。

素材

知识链接

模块三 网店主要模块设计与应用

项目九 店招视觉设计

  店铺首页或者列表页、详情页,最上方显示的就是店招。店招奠定了整个店铺风格的基调,它是让消费者记住品牌的关键,应重点突出店铺的主销产品。店招导航分类是为消费者更加方便查看店内的产品。

任务1　床上用品店铺店招设计

学习目标

1. 掌握采用形状工具与文字工具设计优惠券的方法。
2. 学会采用不透明度以及自由变换设计画面与素材之间的排版。

任务描述

为使床上用品店铺能吸引到更多消费者,现需要你为其设计店招,采用已有文案及标识等素材,排版,调色,还需要你使用形状及文字工具设计优惠券。注意排版要统一舒适。

任务分析

床上用品店招牌设计,除了注意画面形式、构图、造型、色彩等方面给消费者以良好的心理感受外,还应在标识命名方面多下功夫,力求言简意赅、清新不俗、易读易记、富有美感,使之具有较强的吸引力,促进消费者的思维活动,使其能够深刻地记住店铺招牌。

任务准备

硬件要求:一台足够运行PhotoShop软件的电脑。
实操要求:文案,素材,标识(素材可从素材库中下载)。

任务实施

步骤01:安装素材中的字体,然后新建大小为1 920像素×150像素的画布。建立垂直参考线,位置485像素和1 435像素。

步骤02:将素材"纹理背景"拖入文件,居中对齐。

步骤03:将素材"logo"拖入文件,靠左对齐,如图9-1-1所示。

步骤04:使用"矩形工具"创建1 920×30的矩形:填充颜色为♯cc0202,底对齐,如图9-1-2、3所示。

步骤05:使用"文字工具"输入文案:"首页有惊喜""所有分类""NEW/HOT""家居用品""床品套件""客服中心""往期主题""会员中心""收藏"。字体为"苹方",颜色除"首页有惊喜"是♯ffe462,其他都是白色,如图9-1-4、5所示。

项目九 店招视觉设计

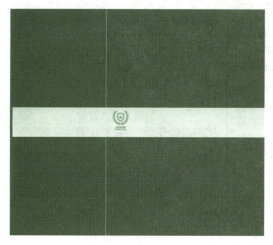

图9-1-1 置入

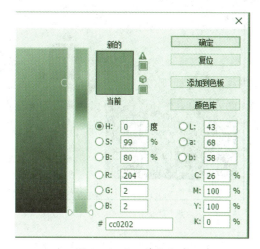

图9-1-2 填充颜色

图9-1-3 矩形

图9-1-4 文字工具

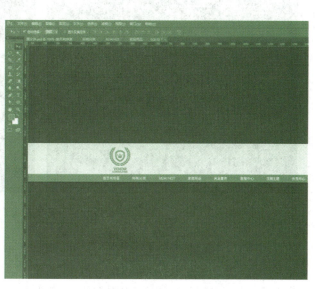

图9-1-5 文案

步骤06：使用"形状工具"创建形状，平行四边形，填充♯523000。移动到"首页有惊喜"底下，如图9-1-6所示。

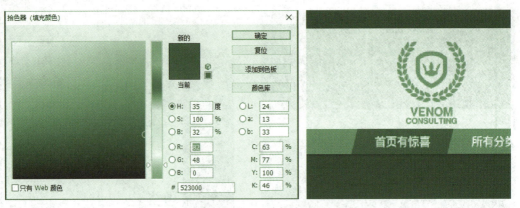

图9-1-6 形状工具

步骤07：将素材"桃树左"拖入文件，调整位置靠左。

步骤08：将素材"鸡"拖入文件，调整大小，不透明度为30%。放在标识左侧，如图9-1-7所示。

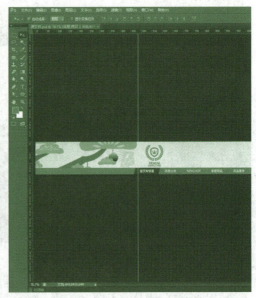

图9-1-7 置入素材

步骤09：将素材"年终盛宴"拖入文件，调整大小，"混合选项"选择"颜色叠加"，颜色为#cc0202，如图9-1-8所示。

步骤10：将素材"桃树右"拖入文件中，靠右对齐，如图9-1-9所示。

步骤11：将"鸡"水平翻转，调整不透明度为30%，如图9-1-10所示。

步骤12：接下来制作优惠券。将素材"优惠券"拖入文件，移动位置。

步骤13：使用"文字工具"输入文案"10"。参数设置，字体为"DINCone-Medium"，颜色为#fee6b8，如图9-1-11～13所示。

图9-1-8 颜色叠加

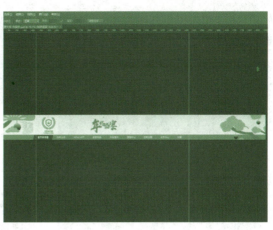

图9-1-9 置入素材

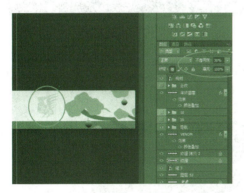

图9-1-10 调整

图9-1-11 输入文案

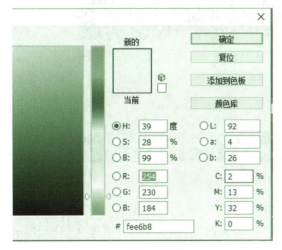

图9-1-12 填充颜色

图9-1-13 输入文案

步骤14：使用"文字工具"输入文案"优惠券"。参数设置，字体为苹方，颜色为白色，如图9-1-14、15所示。

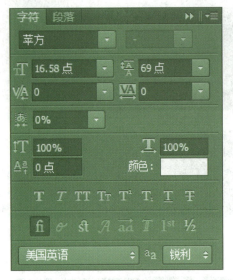

图 9-1-14　输入文案　　　　　　　　图 9-1-15　输入文案

步骤15：使用"文字工具"输入文案"无门槛使用"。参数设置，字体为"苹方"，颜色为♯fee6b8，如图 9-1-16 所示。

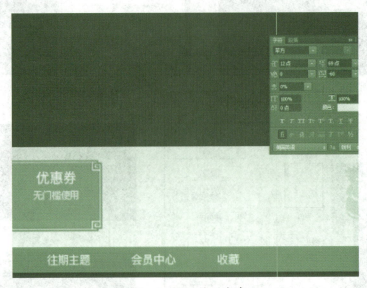

图 9-1-16　输入文案

步骤16：使用"圆角矩形工具"创建一个圆角矩形，填充色为♯fee6b8。

步骤17：使用"文字工具"输入文案"立即领取"。参数设置，字体为"PingFang SC Medium"，颜色为♯ba0e02，如图 9-1-17～19 所示。

步骤18：使用"文字工具"输入分割线。参数设置，字体为宋体，颜色为白色，如图 9-1-20 所示。

步骤19：按[Ctrl]+[J]复制一条，放在"无门槛使用"下面，如图 9-1-21 所示。

项目九　店招视觉设计

图 9-1-17　输入文案

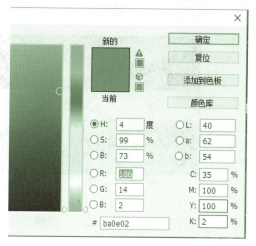

图 9-1-18　填充颜色

图 9-1-19　输入文案

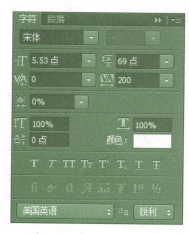

图 9-1-20　输入分割线

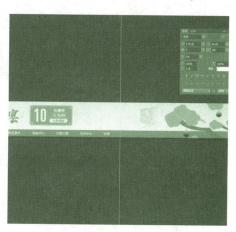

图 9-1-21　复制

步骤20：再按[Ctrl]+[J]键复制一个订单满168元使用的20元优惠券，如图9-1-22所示。

图9-1-22 复制优惠券

步骤21：将素材"祥云"拖入文件，调整大小，多复制一些，可以旋转、翻转。最终效果如图9-1-23所示。

图9-1-23 最终效果图

任务评价

项次	项目	要 求	分值	得分
1	文字工具	会编辑文字及修改字体颜色，字体选择、行距设置合理	20	
2	构思创意	构思创意新颖，适合风格设定	20	
3	自由变换	掌握快捷键[Ctrl]+[T]操作方法，等比例缩放不变形	20	
4	形状工具	图像比例正确；正确设置填充、描边颜色	20	
5	画面美感	画面色调协调、舒适、统一；排版美观，视觉效果强	20	
		合计	100	

能力拓展

1. 扫描二维码，学习案例模板。
2. 从素材库中下载对应的素材，根据模板设计一张店招。

知识链接

店招要诀：扫描二维码，学习相关文章。

案例模板

知识链接

项目九　店招视觉设计

▶任务 2　医药店铺店招设计

学习目标

1. 了解店招主色调与辅助色的搭配技巧。
2. 学会利用文字工具、形状工具以及画笔工具结合素材搭配设计店招。

任务描述

随着网络交易平台的发展,店招也延伸到网店中。店铺商家为提高店招的吸引力,会将店招设计得更加形象生动化。现需要你从素材库中下载所需素材图及文案,使用 PS 软件为医药店铺设计店招,选择适合店招的颜色,设置对应参数,将店招制作完整。

任务分析

店招上最基本的内容有店铺名、店铺商标、店铺标语、收藏关注按钮、促销产品、活动信息与时间、店铺公告、店铺网址、电话热线以及店铺荣誉等一系列信息,可以根据实际情况具体安排。

店招的视觉重点不要太多,有一两个就可以了,否则会让顾客眼花缭乱,找不到重点信息;店铺品牌一定不能忽略;颜色不能过于复杂,保持一定的整洁性,避免视觉疲劳。

任务准备

硬件要求:一台足够运行 PhotoShop 软件的电脑。
实操要求:素材图,文案(素材可从素材库中下载)。

任务实施

步骤 01:新建 1 920 像素×110 像素的白底画布,如图 9-2-1 所示。
步骤 02:选择背景图层,填充颜色♯11468f。
步骤 03:置入标识,按[Ctrl]+[T]自由变换,调整大小、位置;使用"文字工具"输入店名;使用"圆角矩形工具"绘制圆角矩形,半径为 10 像素,填充♯0076bf;再使用"文字工具"输入文案,如图 9-2-2 所示。
步骤 04:使用"文字工具"输入文案,填充白色,如图 9-2-3 所示。

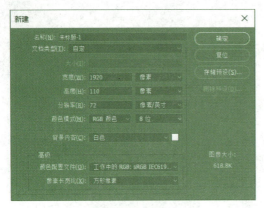

图9-2-1 新建画布

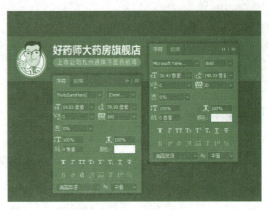

图9-2-2 置入素材

图9-2-3 文字工具

步骤05：使用"矩形工具"绘制矩形，按[Ctrl]+[T]自由变换，调整矩形。点击"工具属性栏"中"H"选项，输入"－15"，按[Enter]键确认。按[Ctrl]+[J]键复制一层，按[Ctrl]+[T]键自由变换等比例放大（按[Shift]键），图层填充设为50％，最终效果如图9-2-4所示。

图9-2-4 调整效果

步骤 06：新建图层，前景色填充♯f3f3f6。使用"画笔工具"涂抹文案底下区域。使用"文字工具"输入文案，填充♯11468f，接着输入底下正文，填充♯373737。使用"圆角矩形工具"绘制圆角矩形，半径为 10 像素，填充♯fe3d3b，并辅以文案，具体参数如图 9-2-5 所示。

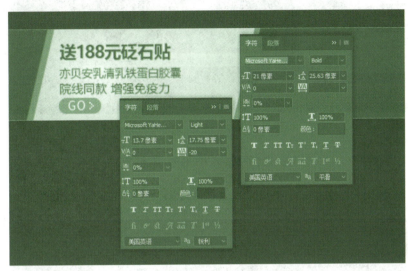

图 9-2-5 文字参数

步骤 07：置入素材，在产品图层底下新建图层，"混合模式"改为"正片叠底"，使用"画笔工具"涂抹造出投影。复制产品图层［Ctrl］+［J］，"混合模式"改为"柔光"，图层填充改为 74％，如图 9-2-6 所示。

图 9-2-6 置入产品

步骤 08：选中左边形状图层，按［Ctrl］+［J］复制，调整位置。
步骤 09：置入素材图片，按［Ctrl］+［T］调整位置、大小。再置入光效素材，图层"混合模式"选择"滤色"，调整位置，如图 9-2-7 所示。

图9-2-7 置入、调整素材

步骤10：使用"文字工具"输入数字；置入小图标，调整位置，具体文字参数如图9-2-8所示。

图9-2-8 文字工具

步骤11：最后根据画面需要调整大小、位置、颜色等，最终效果如图9-2-9所示。

图9-2-9 最终效果

项目九　店招视觉设计

任务评价

项次	项目	要求	分值	得分
1	形状工具	形状大小符合页面排版，颜色、描边设置合理	25	
2	文字工具	字号大小控制合理，字距、行距设置正常	25	
3	自由变换	掌握快捷键[Ctrl]+[T]操作方法；等比例缩放，不变形	25	
4	画面美感	画面色调协调、舒适、统一；排版美观，视觉效果强	25	
	合计		100	

能力拓展

1. 扫描二维码，学习案例模板。
2. 从素材库中下载对应的素材，根据模板设计一张店招。

案例模板

知识链接

店招制作要点：扫描二维码，学习相关文章。

知识链接

模块三 网店主要模块设计与应用

项目十 主图视觉设计

无论买家是通过关键词搜索还是通过类目搜索,展现在眼前的第一张图片就是商品主图。因此,商品主图是影响买家关注、点击的重要因素。而商品主图中,合理的商品展现不仅能够增强商品的立体感,让商品更加灵动,还可以让买家更加清晰地看到商品的全貌。

本项目主要从面膜主图、保健品主图的制作 2 个任务来学习主图设计。

任务1　面膜主图制作

学习目标

1. 掌握魔棒工具与高斯模糊的使用方法。
2. 掌握网店护肤品主图视觉设计要点。

任务描述

作为一种日用消费品，护肤品被越来越多的消费者所接受。国内消费者已经逐步形成正确的使用习惯和消费理念，为护肤品市场带来了更多的市场机会。面膜作为护肤品中的重要子类，也因此迎来了高速增长态势。现有一家美妆店铺要求你为一款面膜设计主图，要求突出产品特性，背景与主题贴合，体现产品特点。

任务分析

护肤品类主图首先要突出产品的功效性或品牌性。可以在主图设计中加入让人动心的产品功效与产品亮点，展示产品的不同，凸显优势。这一点是设计的难点，是决定主图是否能带来高点击率的关键。其次就是凸显物美价廉的特点，迎合多数买家的需求。

任务准备

硬件要求：一台足够运行 PhotoShop 软件的电脑。

实操要求：面膜的产品图片，装饰的素材，主图文案（素材可从素材库中下载）。

任务实施

步骤01：新建 800 像素×800 像素的白底画布，置入面膜素材图片。

步骤02：选中"魔棒工具"，点击面膜外空白处，出现蚂蚁线选区，按[Delete]键，去掉白底，如图 10-1-1 所示。

步骤03：按[Ctrl]+[R]调出参考线，鼠标拖动拉取 3 根参考线，分别贴住面膜 3 个边缘（这样做是为了选取更方便）；使用"选区工具"沿着参考线建立选区，按[Ctrl]+[J]复制选区，面膜就抠出来了，如图 10-1-2 所示。

步骤04：新建空白图层，取名"下阴影"。使用"选区工具"把面膜内部全部选中，设置"渐变工具"参数为蓝色渐变，左边不透明度 100%，右边不透明度 0%。拉出小面积渐变，完成后降低不透明，参考数值为 30%～40%，如图 10-1-3 所示。

项目十 主图视觉设计

图10-1-1 抠图

图10-1-2 抠图

图10-1-3 渐变颜色

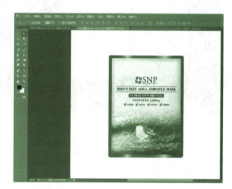

图10-1-4 添加阴影

步骤05：用上述方法，依次画出上、左、右阴影。

分析发现光源在左上角，所以左上的阴影稍微淡些，可以配合蒙版擦淡，如图10-1-4所示。

步骤06：拖拽水纹素材到文件中，置于"面膜"图层的下方，按"自由变换"调整水纹的角度。这里可以多拖拽几张水纹，以找到最适合的，如图10-1-5所示。

步骤07：场景搭建一层水纹是不够的，为了让整体看起来真实且饱满，添加了3层（分别为水纹底色、气泡、水波纹）。更改"混合模式"使水纹融合得更好（使用"正片叠底"），如图10-1-6所示。

图10-1-5 添加素材1

图10-1-6 添加素材2

步骤08：按［Ctrl］+［J］键复制面膜图层，按"自由变换"调整两个面膜的角度，这里先给一个大致的位置，后期根据场景微调，如图10-1-7所示。

步骤09：位置的摆放很重要，遵循对比关系，对比大小、虚实。使用"自由变换"把后层的面膜稍微缩放，再加上"高斯模糊"，让场景更真实，如图10-1-8所示。

图10-1-7 复制调整

图10-1-8 效果图

步骤10：为面膜图层添加"图层蒙版"，使用"钢笔工具"勾勒出面膜与水面重叠的位置（为便于观察，可降低面膜不透明度），按［Ctrl］+［Enter］创建选区。

步骤11：前景色改成灰色，如图10-1-9所示。

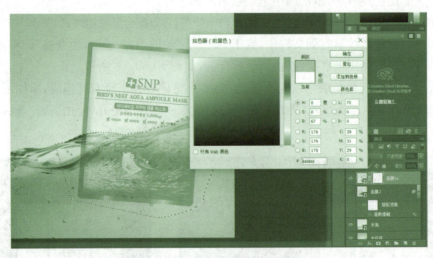
图10-1-9 吸取颜色

步骤12：按［Alt］+［Delete］键填充灰色到图层，把面膜的透明度还原为100%，填充灰色的部分不透明度已降低，面膜好像融合在水里，如图10-1-10所示。

步骤13：在蒙版上把水面的边缘擦拭出来。使用"画笔工具"，前景色为黑色，仔细擦拭水面边缘。完成后可按照上述步骤,做出面膜2的效果。

步骤14:给面膜2添加"高斯模糊",做出虚实对比,如图10-1-11所示。

图10-1-10　填充颜色　　　　　　　图10-1-11　高斯模糊

步骤15:选择"文字工具"输入产品的文案,吸取产品本身蓝色,降低饱和度。版式为"居中对齐"分布。一般海报字体不超过3种为好,这里用的是"苹方体"与"方正清刻本悦宋体"。下面还添加了一个矩形作为装饰(可以用"矩形工具"绘制)。

步骤16:鼠标点击找到背景图层,点击添加"图层蒙版",选择"渐变工具",调出"渐变编辑器",黑色渐变,左边不透明度100%,右边不透明度0%,如图10-1-12所示。

步骤17:由右上角向左下角拉出渐变,可以多次尝试,以达到最佳效果,如图10-1-13、14所示。

步骤18:加上光素材,"混合模式"改为"滤色"(把光的背景过滤掉),背景搭建完成。选择"椭圆工具",按住[Shift]键拖动鼠标,画出一个正圆,移动位置如图10-1-15所示。

步骤19:双击图层空白处,调出"图层样式",给圆形分别添加上"描边、渐变叠加、投影",如图10-1-16~18所示。

步骤20:添加价格,突出特价,弱化原价。"¥"与"99"分层输入,"99"图层放大,按[Ctrl]+[G]组合"¥"与"99",更加凸显价格,如图10-1-19所示。

图10-1-12　渐变编辑器　　　　　　图10-1-13　渐变1

图 10-1-14　渐变 2

图 10-1-15　椭圆工具

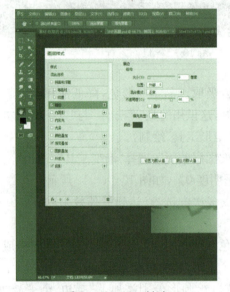

图 10-1-16　描边

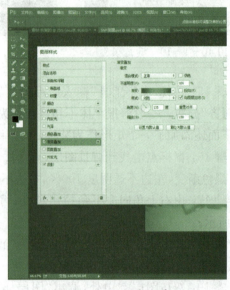

图 10-1-17　渐变叠加

图 10-1-18　投影

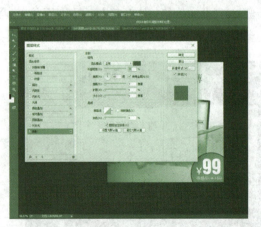

图 10-1-19　投影

步骤21：最后整体调色。点击添加"色相饱和度"→"色彩平衡"→"曲线"，如图10-1-20～22所示。最终效果如图10-1-23所示。

图10-1-20 色相/饱和度

图10-1-21 色彩平衡

图10-1-22 曲线

图10-1-23 最终效果图

任务评价

项次	项目	要求	分值	得分
1	魔棒工具	抠图完整无缺漏；图像边缘工整，无锯齿	15	
2	画笔工具	画笔大小精准；画笔过渡柔和，不生硬	10	
3	色相/饱和度	色相搭配协调统一；饱和度调节合理，不突兀	15	
4	自由变换	掌握快捷键[Ctrl]+[T]使用技巧；等比例缩放，不变形	15	
5	文字工具	会编辑文字及修改字体颜色，字体选择、行距设置合理	15	
6	高斯模糊	掌握高斯模糊打开方式；根据画面效果合理设置模糊半径	15	
7	画面美感	画面色调协调、舒适、统一；排版美观，视觉效果强。	15	
	合计		100	

能力拓展

1. 扫描二维码，学习视频教程。
2. 从素材库中下载对应的素材，根据教程操作步骤制作一张主图。

配套视频

知识链接

1. 主图的优劣：扫描二维码，学习相关文章。
2. 主图制作与优化：扫描二维码，学习案例分析。

知识链接

任务 2　医用洗鼻器主图制作

学习目标

1. 学会钢笔工具抠图以及自由变换调整素材的技巧。
2. 掌握形状工具与图层样式搭配的视觉设计要点。

任务描述

公众对医疗类商品的需求逐渐增加，医用产品的创新正在不断加速。医用商品网店的主图设计需要突出产品功能与实用性。现有一家医用产品店铺要求你为一款洗鼻器设计主图，要求突出产品功效，画面立体感强。

项目十 主图视觉设计

任务分析

医药店铺产品主图首先要突出产品的功效性或品牌性,要根据包装大小合理调整字体、字号、字间距。注意产品的细部处理,使某些着重突出、重点宣传的文字一目了然。配合图形图案编排使画面变得丰富,也是医药店铺产品主图设计的重点。

任务准备

硬件要求:一台足够运行 PhotoShop 软件的电脑。
实操要求:医药产品图片,企业标识,主图文案(素材可从素材库中下载)。

任务实施

步骤01:新建 800 像素×800 像素的白底画布。

步骤02:使用"钢笔工具",对素材边缘绘制路径,按[Ctrl]+[Enter]键建立选区,按[Ctrl]+[Shift]+[I]键反相选择,按[Delete]键,去掉白底,如图10-2-1所示。

步骤03:使用"选框工具",分别框选下面区域,分开复制([Ctrl]+[J]),如图10-2-2所示。

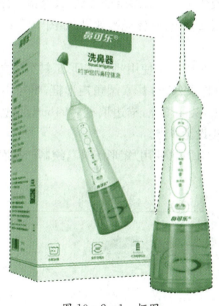

图 10-2-1 抠图

图 10-2-2 抠图

步骤04:按[Ctrl]+[T]键分别对选框做"自由变换"。右键选择"垂直翻转",按[Ctrl]键移动,调整好位置,按[Enter]键确认。将图层置于原产品图层底下,如图10-2-3所示。

步骤05:如图10-2-4所示,点击图层下方蒙版按钮,建立图层蒙版,使用"渐变工具"对蒙版做"黑-白"线性渐变。

图10-2-3 自由变换

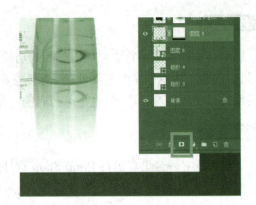

图10-2-4 添加阴影

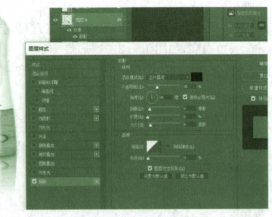

图10-2-5 添加投影

步骤06：使用"图层样式"，建立"投影"，如图10-2-5所示。

步骤07：右键"投影"，选择创建图层。对创建出来的图层做"图层蒙版"。

步骤08：使用"画笔工具"涂抹蒙版，将投影上半部分多余处去除，只保留下面的投影，符合物体光影效果，如图10-2-6所示。

步骤09：使用"圆角矩形工具"，建立760像素×760像素圆角矩形框，半径10像素，关闭填充，描边填充♯64bcff，描边大小设为3点。

步骤10：使用"矩形工具"，画出背景区域，填充♯f4ffff；再使用"矩形工具"，绘制产品底部背景区域，填充♯dff7ff，如图10-2-7所示。

图10-2-6 图层蒙版

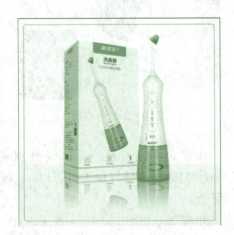

图10-2-7 背景

步骤11：做主图下方色块。使用"椭圆工具"，按[Shift]键画出正圆；使用"矩形工具"画出矩形。在两个图形连接处使用"钢笔工具"绘制曲线，将两个图形连接在一起，建立形状。选中3个图层，按[Ctrl]+[E]键合并图层，填充♯00a3e9，如图10-2-8所示。

图10-2-8　合并形状

步骤12：新建图层，使用"矩形选框工具"，羽化值设为15。在矩形部分绘制矩形，填充♯93f6fd，不透明度为40％。同理，新建图层，在圆形区域绘制矩形，旋转30°，填充♯b7fafe，不透明度为40％。置入素材，"混合模式"设为"正片叠底"。同时对这3个图层底下形状图层做剪贴蒙版，如图10-2-9所示。

图10-2-9　填充

步骤13：使用"椭圆工具"，按住[Shift]键绘制正圆，填充♯8fdfff，描边填充♯0f79de，描边大小设为3点；新建图层，使用"椭圆选框工具"，羽化值设为20，按住[Shift]键绘制正圆，填充白色，对蓝色正圆做剪贴蒙版，如图10-2-10所示。

步骤14：使用"文字工具"，分为3个图层输入"￥""优惠价""189"，并设置"图层样式"，如图10-2-11所示。

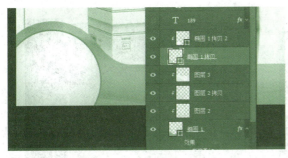

图10-2-10　椭圆工具

图10-2-11　文字工具

步骤15：双击图层空白处，弹出"图层样式"，选择"描边"，参数如图10-2-12所示。
步骤16：添加"渐变叠加"，颜色为#0060b7-#009cff，如图10-2-13所示。

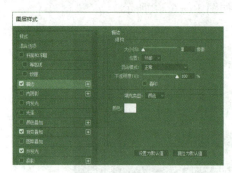

图10-2-12 描边

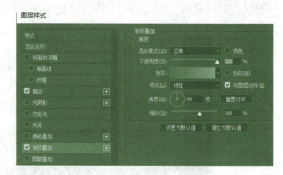

图10-2-13 渐变叠加

步骤17：添加白色外发光，如图10-2-14所示。
步骤18：添加促销信息文案，并对文案设置"图层样式"，如图10-2-15所示。

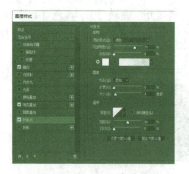

图10-2-14 外发光

图10-2-15 添加文字

步骤19：双击图层空白处，调出"图层样式"，给文案添加"渐变叠加"，填充颜色为#e9f6ff-#ffffff。
步骤20：添加"投影"，如图10-2-16所示。
步骤21：使用"圆角矩形工具"绘制圆角矩形，圆角半径为25像素，并添加"描边"，具体参数如图10-2-17所示。

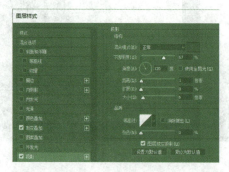

图10-2-16 投影

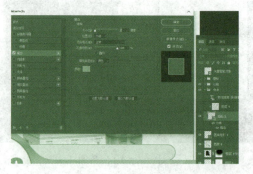

图10-2-17 描边

步骤22：使用"矩形选框工具"羽化值设为15，填充为#95f7fd。绘制矩形，"混合模式"设为"线性减淡"，如图10-2-18所示。

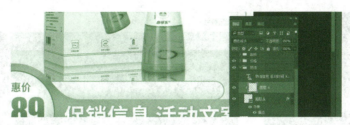

图10-2-18 羽化框

步骤23：输入文字，颜色填充为#0088ff，具体参数如下图10-2-19所示。

图10-2-19 描边

步骤24：使用"椭圆工具"，按住[Shift]键绘制正圆，使用线性渐变，渐变填充颜色设为#f7da68-#fff9b1-#fad267，渐变角度为45°。

步骤25：双击图层空白处，调出"图层样式"，添加"投影"，具体参数如图10-2-20所示。

步骤26：使用"椭圆工具"，按住[Shift]键绘制正圆，关闭填充，描边填充#2eb4ed，描边大小设为1像素，如图10-2-21所示。

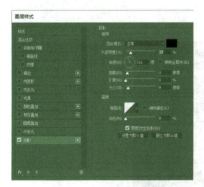

图10-2-20 投影

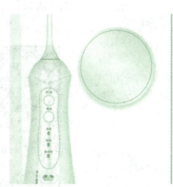

图10-2-21 椭圆

步骤27：使用"文字工具"输入文案，具体参数如图10-2-22所示。

步骤28：双击图层空白处，调出"图层样式"，添加"渐变叠加"，渐变颜色为♯0067bf－♯34bdee－♯006fc8，具体参数如图10－2－23所示。

图10－2－22　描边

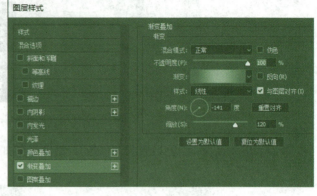
图10－2－23　渐变叠加

步骤29：添加"投影"，具体参数如图10－2－24所示。

步骤30：将两个圆与文案建立分组，并按[Ctrl]＋[J]键复制一份，移动位置，输入其他文案，具体参数如图10－2－25所示。

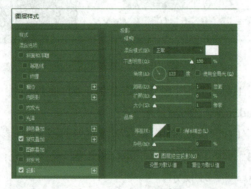
图10－2－24　投影

图10－2－25　复制

项目十 主图视觉设计

步骤 31：最后加入标识，调整好位置。到这里，主图就完成了，如图 10-2-26 所示。

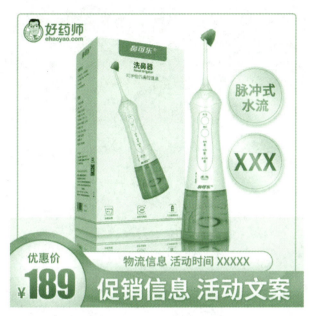

图 10-2-26　最终效果图

任务评价

项次	项目	要　　求	分值	得分
1	钢笔工具	图像完整，无缺漏；图像边缘工整，无锯齿	20	
2	自由变换	掌握快捷键[Ctrl]+[T]操作方法；等比例缩放，不变形	20	
3	文字工具	会编辑文字及修改字体颜色，字体选择、行距设置合理	20	
4	形状工具	掌握正圆的快捷键操作方法、形状参数的设置	20	
5	画面美感	画面色调协调、舒适、统一；排版美观，视觉效果强	20	
		合计	100	

能力拓展

1. 扫描二维码，学习案例模板。
2. 从素材库中下载对应的素材，根据模板制作两张主图。

案例模板

知识链接

优秀主图策划要点：扫描二维码，学习相关文章。

知识链接

模块三 网店主要模块设计与应用

项目十一 海报视觉设计

　　首页海报、轮播图一般位于导航下方,占有较大面积,是买家进入店铺首页中看到最醒目的区域。优秀的轮播图不仅能使店铺首页的视觉具有震撼力,还能让买家第一时间了解店铺的活动和促销信息。

　　店铺海报是商家向买家展示店铺商品和形象的重要手段,一个好的店铺海报能够让买家更容易理解店铺卖的是什么,能够提高店铺浏览量,提高店铺销量。商家制作好的店铺海报就显得尤为重要。

网店视觉 设计与应用

任务 1　清新女装海报设计

学习目标

1. 掌握通道抠图的方法。
2. 熟悉女装海报的设计思路。

任务描述

在服装市场上,女装一直占据着主导地位,所以设计女装海报,突出服装特点,吸引女性尤为重要。现有一家女装店铺要求你为一款夏季短裙设计一张海报,需要清楚地呈现该女装素材轮廓,文案与图片要合理搭配,整体色彩要清晰自然。

任务分析

优质的网店海报可以勾起消费者购买兴趣,从而促进商品转化。服装海报包括模特图、文字和装饰 3 大要素。由于线上没办法真实地触摸产品,所以,选择一张视觉冲击力强的产品图或模特图,能够更好更快地吸引买家的注意力,起到事半功倍的效果。

在设计海报时,要注意文字排版必须工整。精美的排版可以提高文字的可读性。由于版面尺寸有限,所以在设计前,需要根据服装卖点简化文字内容。

任务准备

硬件要求:一台足够运行 PhotoShop(PS)软件的电脑。
实操要求:模特图,文案,素材(素材可从素材库中下载)。

任务实施

步骤 01:打开 PS 文件→选择"打开"命令,打开模特素材。
步骤 02:使用"套索工具",大概选出模特腰部以下部分,复制一层(套索工具快捷键[L],复制图层[Ctrl]+[J]),如图 11-1-1 所示。
步骤 03:使用"魔棒工具",按住[Shift]键,选出图层所有的背景部分,如图 11-1-2 所示。
步骤 04:点击"选择"→"反选"命令或快捷键[Shift]+[Ctrl]+[I]选择反选。
步骤 05:选择"编辑"→"拷贝"命令,如图 11-1-3 所示。

项目十一　海报视觉设计

图 11-1-1　套索工具

图 11-1-2　魔棒

图 11-1-3　拷贝

步骤 06：为了能更精确地抠图，将图片放大显示。选择"钢笔工具"沿着要抠主体的边，任一部位单击，出现一个锚点（锚点是在路径中连接线的点，可以添加、删除、移动）。沿着抠图的边，鼠标单击，出现下一个锚点。不要松开鼠标左键，沿着边缘的方向拉伸或者选择，调整两个锚点间的弧线，当弧线紧贴主体的边时松开鼠标，如图 11-1-4 所示。

图 11-1-4　抠图

步骤 07：按住[Alt]键调整方向，与下一步抠图的方向一致，沿着主体边缘抠图。重复同样的操作，将抠图的主体全部选中。在创建的锚点路径上单击右键，在弹出的菜单中，选择"建立选区"工具栏"选择"，下拉，点击"修改"设置羽化，羽化的像素为 1，效果如图 11-1-5 所示。

步骤08：选择"编辑"→"拷贝"命令，如图11-1-6所示。

图11-1-5　羽化

图11-1-6　拷贝

步骤09：使用"套索工具"，大概选出模特颈部以上部分，复制一层，如图11-1-7所示。

步骤10：单击"通道"切换到"通道"面板，如图11-1-8所示。

图11-1-7　套索工具

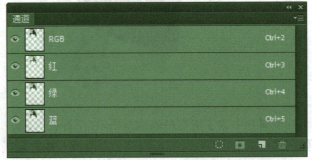

图11-1-8　通道

步骤11：分别单击"红""绿""蓝"3个通道，查看左侧图片的变化。选择背景与头发对比度最高的通道。为了不损坏原通道数据，复制"蓝通道"。选择"蓝通道"→单击右键→单击"复制通道"→使用默认的通道名并单击【确定】按钮。选择并且只显示"蓝拷贝"通道，如图11-1-9所示。

图11-1-9　通道

步骤12：选择"蓝拷贝"通道，按快捷键[Ctrl]+[I]（反向显示）变成黑白对比图片，按快捷键[Ctrl]+[L]打开"色阶"面板，调整对比度，让头发丝清晰可见，如图11-1-10所示。

步骤 13：对比度调整好后，按住[Ctrl]键，鼠标左键单击"蓝拷贝"通道，得到选区，如图 11-1-11 所示。

图 11-1-10　色阶

图 11-1-11　选区

步骤 14：回到图层面板，复制图层。

步骤 15：将之前抠图各个部分的图层合并，并且锁定该图层像素。新建一个黑色画布。检查抠图的完成度，发现头发有毛边。选择"画笔工具"，吸取头发的主要颜色，在白边处涂抹，最终效果如图 11-1-12 所示。

步骤 16：打造背景，新建一个 1 920 像素×600 像素的白底画布。

步骤 17：在拾色器中选取薄荷绿色，色号为♯00d286。使用"油漆桶"（快捷键[G]）将背景图层填充成薄荷绿，如图 11-1-13 所示。

图 11-1-12　抠图

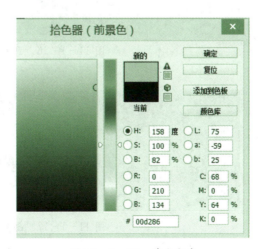

图 11-1-13　填充颜色

步骤 18：新建"图层"（[Ctrl]+[Shift]+[N]），使用"画笔工具"将参数中的硬度调为 0，柔边画笔在图层中继续用色号♯00d286 的颜色在图层中画一个点。将图层的"混合模式"

改为"滤色"。将图层缩放调整到合适的大小,如图 11-1-14～17 所示。

注意:图层的混合模式并不固定,可以在调整中寻找。重点是达到柔和渐变的效果。也可以用"渐变工具"直接填充背景。为了方便之后的调整所以分为两个图层。

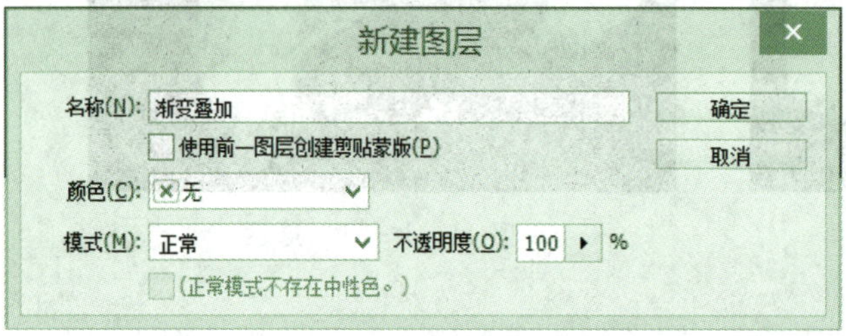

图 11-1-14 新建

图 11-1-15 混合模式

图 11-1-16 画笔

图 11-1-17 画笔

步骤 19:把人物放到合适的位置。左中右式版式基本遵循一个规律,左右两边的产品图相同,只是大小不同,形成对比,海报层次更鲜明,且目标明确,大图展示细节,小图展示整体效果,如图 11-1-18 所示。

图 11-1-18 效果图

步骤 20：制作人物的阴影。双击人物图层，在"图层样式"中选择"投影"。需要注意的是，人物的投影颜色不是默认的黑色，而是深绿（色号为♯004838），使整体的投影更干净。

步骤 21：下载安装素材库中的字体。使用"文字工具"录入"S""PRING"及其他文字（英文字体"Avia Regular"），调整至合适大小。其中，"S""PRING"一般用英文字母，如图 11-1-19 所示。

步骤 22：大字母"S"可以通过穿插和左边的主体人物产生有趣的互动，将"S"的下半部分遮挡去除，放置在人物前面。将鼠标键移动到"S"图层上，同时按住[Ctrl]键，得到选区后，在人物图层中建立一个"图层蒙版"，如图 11-1-20、21 所示。

图 11-1-19 文案

图 11-1-20 图层

图 11-1-21 蒙版

步骤 23：双击"S"图层，设置"图层样式"，给字体添加"斜面和浮雕"效果，阴影颜色调为深绿色。阴影设置尽量不用默认的黑色，跟整体画面协调，整体效果会更通透。设置好之后复制图层样式，粘贴到"PRING"，如图 11-1-22～24 所示。

步骤 24：将素材库中的叶子素材放进文档，摆放至合适的位置，合并图层并将图层命名为"植物素材"，把图层"混合模式"修改成"颜色加深"。为了突出主题、弱化素材，将不透明度改为 21%。

图11-1-22 斜面和浮雕

图11-1-23 斜面和浮雕

图11-1-24 斜面和浮雕

步骤25：协调色彩，把背景图层再做一次"色相/饱和度"的调试，看哪个范围内比较舒服。最终效果如图11-1-25所示。

图11-1-25 最终效果图

任务评价

项次	项目	要求	分值	得分
1	钢笔工具	贝塞尔曲线不卡角；线条连贯，起伏流畅	20	
2	色相/饱和度	色相搭配协调统一；饱和度调节合理，不突兀	20	
3	构思创意	构思创意新颖，适合风格设定	20	
4	自由变换	掌握快捷键[Ctrl]+[T]操作方法；等比例缩放，不变形	20	
5	画面美感	画面色调协调、舒适、统一；排版美观，视觉效果强	20	
		合计	100	

项目十一 海报视觉设计

能力拓展

1. 扫描二维码,学习视频教程。
2. 从素材库中下载对应的素材,根据教程设计一张海报。

视频教程

知识链接

1. 海报设计:扫描二维码,观看相关视频。
2. 电商三部曲:扫描二维码,学习案例分析。

知识链接

任务2　医药店铺海报设计

学习目标

1. 了解PhotoShop软件多工具运用技巧。
2. 掌握店铺海报视觉设计要点。

任务描述

海报是宣传店铺的常见方式。店铺的属性与风格决定了海报的整体设计风格。现需要你为一家医药店铺设计宣传海报,海报主题是口罩,结合新冠肺炎疫情,处理素材,保证海报内容完整,以及视觉上的美观。

任务分析

海报的作用在于让买家快速了解店铺所要表达的信息,因此海报的内容需要条理清晰,让买家的视觉直接停留在品牌或者利益点,以此引导买家购买产品;可以利用色彩或者元素来牵引买家的视觉;或是将图片和文字分开,保持图形和元素之间的层次感。

店铺海报除了视觉上美观,还要结合店铺的目的,突出店铺的主题与卖点,吸引顾客,从而对点击率提升有帮助;海报风格跟店铺整体风格最好统一,保持整体美观。

任务准备

硬件要求:一台足够运行PhotoShop软件的电脑。
实操要求:产品图,文案(本任务所有素材皆可从课程素材库中下载)。

任务实施

步骤01:新建1 200像素×430像素的白底画布。

步骤02：选择背景图层，填充#0081ff；新建图层，前景色填充#bafaff，使用"画笔工具"涂抹背景部分区域，注意画笔大小与硬度，如图11-2-1所示。

图11-2-1　置入素材

步骤03：使用"钢笔工具"绘制贝塞尔曲线图形，建立形状，填充#2bc0ff。新建图层，前景色使用#6fe2ff，使用"画笔工具"涂抹形状，建立"剪贴蒙版"，如图11-2-2所示。

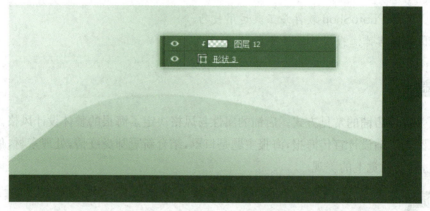

图11-2-2　填充颜色

步骤04：新建图层，使用"钢笔工具"绘制贝塞尔曲线。点击"工具属性栏""形状"转换形状图层，填充#015abe，如图11-2-3所示。

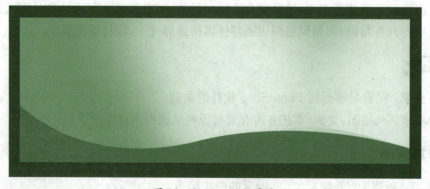

图11-2-3　形状图层

步骤 05：置入素材，按住[Alt]键，鼠标左键点击拖动复制一层素材，按"自由变换(Ctrl+T)"调整位置。对上层的产品素材建立图层蒙版，使用"画笔工具"擦除口罩一侧的带子。

步骤 06：在两个图层中间新建图层，前景色填充♯88a9c4，使用"画笔工具"绘制口罩投影，"混合模式"选择"正片叠底"，填充不透明度设为 68%。按[Ctrl]+[J]复制一层，"混合模式"改为"颜色加深"，填充不透明度设为 78%。选中这两个图层，对下方口罩图层做剪贴蒙版，如图 11-2-4 所示。

步骤 07：在口罩图层底下新建图层，前景色填充♯002957，使用"椭圆选框工具"，羽化值为 10 像素，绘制投影。创建图层蒙版，使用"画笔工具"涂抹过渡投影，如图 11-2-5 所示。

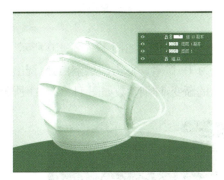
图 11-2-4 图案叠加

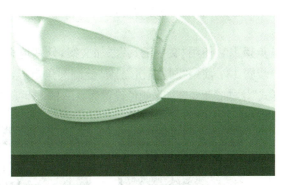
图 11-2-5 栅格化图层

步骤 08：使用"文字工具"编辑文案，将"你保护世界"5 字填充为♯fcff00，其余字体填充白色。[Ctrl]+[J]复制一层，填充不透明度设为 0%。按方向键向下移动，双击图层空白处调出"图层样式"，添加描边，白色，1 像素。如图 11-2-6 所示。

步骤 09：新建图层，对文案图层创建剪贴蒙版，前景色分别设为♯43b0ed 和♯cda749，使用"画笔工具"绘制渐变区域，如图 11-2-7 所示。

图 11-2-6 字体颜色

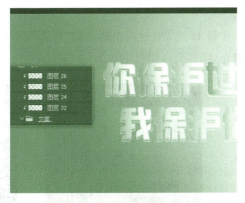
图 11-2-7 效果图

步骤10：使用"圆角矩形工具"绘制圆角矩形，半径设为21.5像素，填充#15abe。新建图层，前景色设为#2227c1，使用"画笔工具"涂抹，对圆角矩形创建剪贴蒙版，如图11-2-8所示。

步骤11：选中两个图层，按[Ctrl]+[G]创建分组，双击图层空白处创建"图层样式"，添加"斜面和浮雕"，高光颜色设为#6529bf，阴影颜色为#0e46d7，如图11-2-9所示。

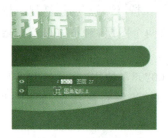
图11-2-8　创建剪切蒙版

图11-2-9　图层样式参数

步骤12：使用"文字工具"添加文案，分别填充白色与#fcff00，如图11-2-10所示。

步骤13：使用"圆角矩形工具"绘制圆角矩形，半径为19像素。双击图层空白处，调出"图层样式"，添加"渐变叠加"，颜色设置为#f9e900-#f5cb01的渐变，详细参数如图11-2-11所示。

图11-2-10　文字填充颜色

图11-2-11　图层样式参数

步骤14：使用"文字工具"添加文案"立即购买"，颜色设置为#845100，如图11-2-12所示。

步骤15：同时对两个矩形做"投影"，双击图层空白处，调出"图层样式"，添加"投影"，颜色填充#0996f4，如图11-2-13所示。

图11-2-12　文字参数

图11-2-13　添加投影

步骤16:同时添加素材置于产品后面,添加背景素材,"混合模式"设置为"柔光"。

步骤17:添加素材与标识,并给标识添加"投影",方法同上。

步骤18:调整画面,完成制作,最终效果如图11-2-14所示。

图11-2-14 最终效果图

任务评价

项次	项目	要求	分值	得分
1	钢笔工具	贝塞尔曲线不卡角;线条连贯,起伏流畅	15	
2	画笔工具	精准掌控画笔大小;画笔过渡柔和,不生硬	20	
3	蒙版	熟练掌握剪贴蒙版与图层蒙版的打开方式;图层蒙版的绘制合理,过渡自然	15	
4	文字工具	字号大小控制合理,字距、行距设置正常	15	
5	图层样式	会使用图层样式,参数设置符合画面要求	20	
6	画面美感	画面色调协调、舒适、统一;排版美观,视觉效果强	15	
		合计	100	

能力拓展

1. 扫描二维码,观看案例模板。
2. 从素材库中下载对应的素材,根据教程设计一张海报。

知识链接

经典干货,横幅设计:扫描二维码,学习相关文章。

教程

知识链接

模块三 网店主要模块设计与应用

项目十二 详情页视觉设计

　　详情页是用于介绍品牌和产品的功能(价值点)以及产品卖点,进而促进买家购买的介绍页面。一般情况下,买家通过网店点击宝贝后进入的就是宝贝详情页,宝贝详情页是我们和顾客沟通的手段之一,直接影响转化率和销售额,因此详情页设计是淘宝设计装修的重中之重。

　　一般所说的店铺装修是首页装修。其实宝贝详情页的设计才是买家最终决定是否购买的最重要的因素,对于大多数卖家来说,宝贝详情页是其命脉,有好的详情页,才有高的成交量与转化率。

网店视觉 设计与应用

任务 1　女装详情页设计

学习目标

1. 学会文案排版以及形状工具搭配使用。
2. 掌握女装详情页的设计方法。

任务描述

一定程度上,店铺详情页决定了顾客的购买与否。好的详情页应当简洁明了,在保证整体美观的同时,清楚地表达商品的相关内容与卖点,从而增加买家的购买欲。现需要你运用所给素材,为某女装类店铺的一个产品设计完整的详情页,在完整表达产品内容与卖点的同时,还要保证视觉上的美观与简洁,引导买家下单购买。注意详情页的风格与店铺的整体风格不要有太大出入。

任务分析

详情页不建议设计太长,因为太长后会影响打开的速度,简而精的详情页打开速度快。如何描述能一步步打动客户,让其有逐步往下看的欲望才是关键。设计详情页要注意简洁而不简单、排版有序、主题表达明了3个原则。

任务准备

硬件要求:一台足够运行 PhotoShop 软件的电脑。
实操要求:模特图,文案,素材(素材可从素材库中下载)。

任务实施

步骤01:首先制作关联标题条。新建一个750像素×6 000像素的白底画布(高度自定)。
步骤02:新建图层,"样式"为固定大小,自己定义宽度和高度。
步骤03:编辑文字,调整字体大小,字体设为英文字体样式"Chaparral Pro",衬托页面的美感,再把样式设为平滑,如图12-1-1所示。
步骤04:新建"图层"→"图形"工具→"椭圆形工具"绘制圆形,按住[Shift]+[Alt]绘制圆形,如图12-1-2所示。

图 12-1-1 编辑文字

图 12-1-2 选框工具

步骤05：选择"图层"，点击右键，选择"混合选项"，进入"样式"里面，双击"描边"→调整"大小"→"像素"，选择"颜色"为白色。单击【确定】出现"图层"描边的边框，如图 12-1-3～5 所示。

图 12-1-3 描边效果

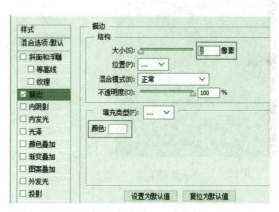

图 12-1-4 混合选项　　　　　　图 12-1-5 描边参数

步骤06：将每个图层分组，再复制3个，左右上下对齐，直接修改文字，如图12－1－6所示。

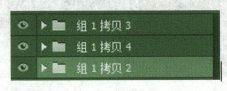

图12－1－6　分组复制

步骤07：关联推广产品的设计。新建"图层"，宽度750像素，高度750像素，固定尺寸，以750除以3平分。

步骤08：新建图层"纯色背景"，尺寸为240像素×350像素，如图12－1－7所示。

步骤09：在新建"图层"，颜色为白色，透明度为60，导入模特图片，将图片放在图层上面，按[Ctrl]+[Alt]+[G]键叠合在一起，调好展示位置。和模特有个层次感，如图12－1－8所示。

图12－1－7　新建背景

图12－1－8　导入素材

步骤10：在模特左上角建一个"圆形"图层，右键"混合选项"，"样式"里双击"颜色叠加"，单击【确定】，如图12－1－9所示。

项目十二　详情页视觉设计

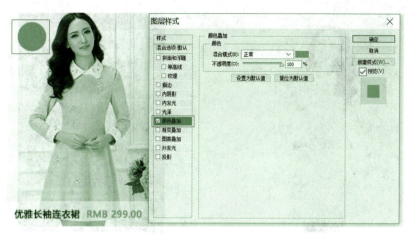

图 12-1-9　绘制圆形

步骤 11：编辑每个图片，依次复制，左右、上下对齐，修改文字信息和模特图，如图 12-1-10 所示。

图 12-1-10　复制、排版

步骤 12：新建"图层"，自定义尺寸，将抠好的模特图放在合适的位置。

步骤 13：选择合适的天空背景，导入图层。右下角点击"创建新的填充或调整图层"，调整"色相/饱和度"，如图 12-1-11 所示。

图 12-1-11　导入素材

步骤 14：编辑文字，调整大小，设置"倾斜度"，如图 12-1-12 所示。

图 12-1-12　编辑文字

步骤 15：导入气球图片，右键"混合选项"，图层样式里选"描边"，"像素"调到 3，"颜色"为白色，打开"内发光"，如图 12-1-13 所示。

项目十二 详情页视觉设计

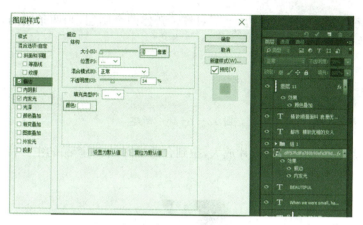

图 12-1-13　置入素材

步骤 16：调整好每个图层的位置，编辑文字，对齐，部分文字调为"暖色调"，整体看起来比较暖，如图 12-1-14 所示。

图 12-1-14　编辑文字

步骤 17：单击"自定义形状工具"选好图案，直接单击拉出图案即可，大小按需要调整，如图 12-1-15 所示。

图 12-1-15　标题条设计

步骤18：将图标放在文字两边，上下对齐。新建两个图层，画两条线隔开，使其有层次感，如图12-1-16所示。

图12-1-16　新建

步骤19：导入模特图片，将图片放大，拉到合适视图，展现产品的主要特点，将多余的裁剪掉，如图12-1-17所示。

图12-1-17　宝贝介绍

步骤20：新建图层，使用选框工具绘制椭圆，填充颜色为白色。在原图层上再次使用选框工具绘制椭圆选区，单击[Delete]键删除。将图层放到模特腰间。进入"混合选项"，点击"外发光"，让图层显现出光影。按住[Alt]键，鼠标左键点击，拖动复制一层白色光影，如图12-1-18、19所示。

图12-1-18　白色光影　　　　　图12-1-19　外发光

步骤21：绘制圆形，进入混合选项"图层样式"，单击"描边"，"颜色"为"浅蓝色"，"像素"为1可吸取模特身上衣服的颜色，如图12-1-20所示。

项目十二 详情页视觉设计

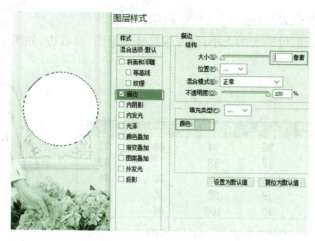

图 12-1-20 绘制圆形

步骤 22：新建一个矩形框，根据圆形和文字，控制合适的大小。将矩形框颜色透明度拉到 49%，透明度配合图片整体调整。

步骤 23：将每个图片设计好，依次"排版"。里面的设计小样左右上下对齐，如图 12-1-21～23 所示。

步骤 24：导入图片，拉辅助线。再新建一个色块，颜色可根据模特衣服调色。将文字描边，分层，突出，如图 12-1-24 所示。

图 12-1-21 排版

图 12-1-22 排版

图 12-1-23 排版

图 12-1-24 宝贝信息

步骤25：制作尺码表，如图12-1-25所示。

步骤26：根据衣服尺码表的大小，画衣服尺寸测量图，放右边，如图12-1-26所示。

尺码	衣长	肩宽	胸围	腰围	袖长
S	89	36	84	68	31
M	90	37	88	72	32
L	91	38	92	76	33
XL	92	39	96	80	34
XXL	93	40	100	84	35

提示：平衡测量尺寸仅供参考弹性范围内数据，部分产品版型特殊及个人测量方法位置不同，误差范围1-3cm属于正常。

图12-1-25 尺码表

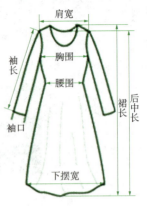

图12-1-26 尺寸测量

步骤27：导入图片，将模特图依次排列下。若在中间编辑文字，用英文隔开，看起来更舒服，如图12-1-27～29所示。

图12-1-27 宝贝展示1

图12-1-28 宝贝展示2

图12-1-29 宝贝展示3

任务评价

项次	项目	要求	分值	得分
1	钢笔工具	贝塞尔曲线不卡角；线条连贯，起伏流畅	15	
2	文字工具	会编辑文字及修改字体样式；字体选择、行距设置合理	15	
3	构思创意	构思创意新颖，适合风格设定	15	
4	自由变换	掌握快捷键[Ctrl]+[T]操作方法；等比例缩放，不变形	15	

项目十二 详情页视觉设计

续表

项次	项目	要　　求	分值	得分
5	形状工具	图像比例无误；正确设置填充、描边颜色	15	
6	选框工具	掌握选框工具的使用方法，羽化设置符合整体页面	10	
7	画面美感	画面色调协调、舒适、统一；排版美观，视觉效果强	15	
	合计		100	

能力拓展

1. 扫描二维码，学习视频教程。
2. 从素材库中下载对应的素材，根据教程设计一张详情页。

教程

知识链接

1. 详情页设计：扫描二维码，学习相关文章。
2. 详情页设计思路：扫描二维码，学习案例分析。

知识链接

任务 2　医药店铺详情页设计

学习目标

1. 熟练掌握钢笔工具的使用方法。
2. 掌握店铺详情页图片设计技巧。

任务描述

相对其他产品而言，医药类产品比较特殊，一般只有需要的人才会浏览相关店铺。而产品的成分与制作环境是买家关注的重点。因此，在设计此类产品详情页图片时需要充分考虑这些因素。本任务需要你利用所给素材，为某店铺的一款金贵菊花产品设计详情页，除了要说明产品的成分等主要内容外，还需要展示菊花泡开时的状态，从而体现该产品的品质。

任务分析

没有好的详情页来支撑，产品转化率就会很低。宝贝详情页是店铺产品能否成功交易的关键因素。打造一个好的详情页，前期要花时间构思，确定方向，再去做设计。设计时充分考虑品牌色调与产品色调，整体颜色尽量控制在两三种，避免页面过于花哨；根据产品的特性选择合适的版式衔接，同时注意衔接方式的统一；为了让买家更直观地了解产品，还可以加上边框，吸引买家的注意。

任务准备

硬件要求：一台足够运行 PhotoShop 软件的电脑。

实操要求：产品图，文案（素材可从素材库中下载）。

任务实施

步骤01：新建800像素×11 340像素的白底画布。一般制作详情页时都会预留一定的尺寸，画面不够时可以再添加，过多则可以删减。这里直接输入精准尺寸。

步骤02：使用"矩形工具"绘制矩形，填充♯f2ebe3。

步骤03：置入素材，对矩形做剪贴蒙版。按［Ctrl］＋［T］自由变换，调整图片位置、大小。置入另一素材，同上操作。创建"图层蒙版"，使用"画笔工具"擦去多余区域，效果如图12-2-1所示。

步骤04：为图层添加"曲线""色相/饱和度""色阶"，并创建剪贴蒙版，具体参数如图12-2-2所示。

图12-2-1 蒙版效果

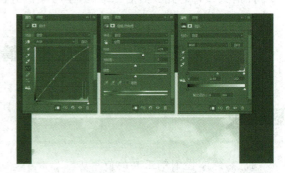
图12-2-2 调色参数

步骤05：使用"钢笔工具"绘制形状，填充♯fad359。新建图层，前景色设为♯fff1c1，使用"画笔工具"涂抹亮部区域，效果如图12-2-3所示。

步骤06：置入产品，按［Ctrl］＋［T］调整位置、大小。新建图层，前景色设为♯1e1907，使用"画笔工具"绘制投影，注意画笔大小与硬度的对比，如图12-2-4所示。

图12-2-3 绘制效果

图12-2-4 置入产品

项目十二 详情页视觉设计

步骤07：使用"文字工具"输入文案，颜色填充为♯c66810。置入素材，对文案做剪贴蒙版，"混合模式"改为"叠加"，如图12-2-5所示。

图12-2-5 文字工具

步骤08：使用"文字工具"输入文案，填充♯6b5100。新建图层，使用"钢笔工具"绘制直线；完成后点击工具属性栏"形状"转换形状图层。关闭填充，描边填充♯886b10。添加图层蒙版，使用"画笔工具"擦除多余区域，如图12-2-6所示。

图12-2-6 文案效果

步骤09：使用"圆角矩形工具"绘制矩形，半径设为16.5像素，填充颜色为♯c66810。按[Ctrl]+[J]复制一层，关闭填充，描边填充♯c66810，如图12-2-7所示。

图12-2-7　圆角矩形

步骤10：同上，使用"文字工具"输入文案。这样，首图就做完了，效果如图12-2-8所示。

图12-2-8　首图效果

步骤11：使用"圆角矩形工具"绘制圆角矩形，填充♯f8d73c。使用"文字工具"输入文案，填充♯5a4b05，置于圆角矩形上方。同样方法，分别输入文案，调整大小、位置、对齐，具体参考如图12-2-9所示。

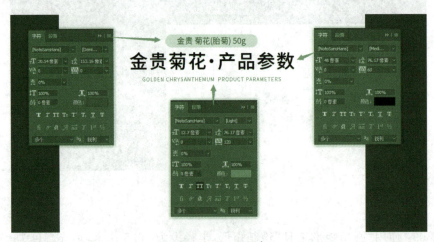

图12-2-9　标题参数

项目十二　详情页视觉设计

步骤12：新建图层，使用"椭圆工具"，按住[Shift]键，鼠标左键拖动绘制正圆，关闭填充。描边填充♯f8d73c。按[Ctrl]+[J]键复制一层，按[Ctrl]+[T]键自由变换，按住[Shift]键等比例放大，关闭填充。描边填充♯f8d73c，大小设置为1像素，如图12-2-10所示。

图12-2-10　绘制正圆

步骤13：置入素材，按[Ctrl]+[Alt]+[G]，对实心圆创建剪贴蒙版，按[Ctrl]+[T]自由变换，调整位置大小，如图12-2-11所示。

步骤14：置入素材，调整好位置、大小。使用"矩形工具"绘制矩形，填充♯f8d73c。使用"文字工具"输入文案，颜色设为♯bc5a0e，置于矩形上方。同上，输入文案置于下方，填充黑色，按[Ctrl]+[G]键将矩形跟文案创建分组，如图12-2-12所示。

图12-2-11　剪贴蒙版

图12-2-12　文案调整

步骤15：按住［Alt］键，鼠标左键移动复制分组，并修改文案。修改效果如图12-2-13所示。

步骤16：新建图层，使用"矩形工具"绘制矩形，填充#f59201，如图12-2-14所示。

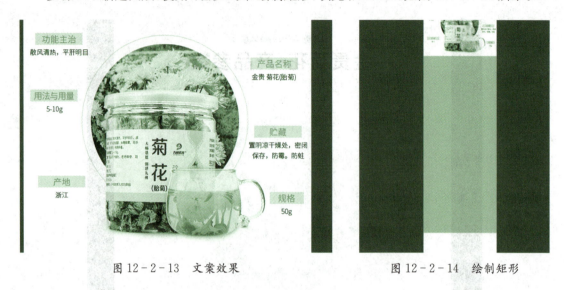

图12-2-13 文案效果　　　　　　　　　图12-2-14 绘制矩形

步骤17：按［Ctrl］+［J］键复制图片上方已完成标题，移动并修改文案与颜色，如图12-2-15所示。

图12-2-15 文案修改

步骤18：新建图层，使用"矩形工具"绘制矩形；置入素材，按［Ctrl］+［Alt］+［G］键对矩形创建剪贴蒙版，按［Ctrl］+［T］自由变换，调整位置、大小。使用"矩形工具"绘制矩形，置于左上角，填充白色，不透明度设为70%。按［Ctrl］+［J］复制一层，调整图层位置，颜色填充#fce65f，不透明度设为90%。使用"文字工具"输入文案"花形"，颜色设为#6a5b00。输入其他文案，展示效果如图12-2-16所示。

步骤19：按［Ctrl］+［G］键将上一步骤图层分组，按［Ctrl］+［J］复制一层，调整好位置。根据画面需要适当调整图片大小，移动文案及底下图形，并更改相应文案，效果如图12-2-17所示。

图 12-2-16 产品展示

图 12-2-17 复制、更改

步骤 20：同上操作，复制并按图 12-2-18 所示效果调整。

步骤 21：复制标题，置入素材图片，效果如图 12-2-19 所示。

图 12-2-18 复制、调整

图 12-2-19 复制标题

步骤22：同样方法复制标题，置入素材图片。按[Ctrl]+[T]调整位置、大小。使用"矩形工具"绘制矩形，填充♯f59201。使用"文字工具"输入文案，如图12-2-20所示。

图12-2-20　文字参数

步骤23：置入素材，按[Ctrl]+[T]键调整位置、大小。使用"文字工具"输入文案"投茶"，填充♯f59201。同上输入底部文案，选中文案图层，按[Ctrl]+[G]建立分组，按住[Alt]键，单击鼠标左键，拖动复制3个，修改文案，排版如图12-2-21所示。

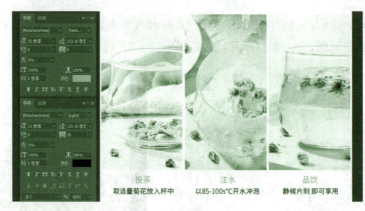

图12-2-21　最终排版

步骤24：复制标题，更改文案、颜色。使用"矩形工具"绘制矩形，填充♯fea500。如图12-2-22所示。

图 12-2-22　复制、更改标题

步骤 25：使用"矩形工具"绘制矩形，置入素材。按[Ctrl]+[T]键自由变换，调整位置、大小。再新建一个矩形，填充白色。使用"文字工具"输入文案，填充♯2d1902，将素材、文案及 base 矩形，对底下矩形框建立剪贴蒙版，如图 12-2-23 所示。

图 12-2-23　剪贴蒙版

步骤 26：复制上一步骤所有图层，按[Ctrl]+[T]键自由变换，调整位置，更换图片，调整效果如图 12-2-24 所示。

图 12-2-24　调整效果

步骤27：使用"椭圆工具"，按住[Shift]键绘制正圆，描边填充白色，大小设为3像素；置入素材图片，按[Ctrl]+[Alt]+[G]键创建剪贴蒙版，调整位置、大小，如图12-2-25所示。

步骤28：复制标题。使用"矩形工具"绘制矩形，填充♯f3f1f4，如图12-2-26所示。

图12-2-25 置入素材

图12-2-26 绘制矩形

步骤29：使用"矩形工具"绘制矩形，填充♯e9e7ea，按[Ctrl]+[Alt]+[G]键对大矩形创建剪贴蒙版。置入素材，按[Ctrl]+[J]键复制一层，"混合模式"改为"柔光"。使用"文字工具"输入文案，如图12-2-27所示。

步骤30：复制上一步骤图层，更改文案与图片，如图12-2-28所示。

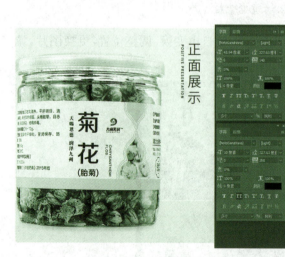

图12-2-27 文案参数

图12-2-28 背面展示

步骤31：同上操作，将所有展示页面排版，如图12-2-29所示。

步骤32：最后置入品质认证书，这样，详情页就做好了。调整画面的对比，排版效果如图12-2-30、31所示。

项目十二 详情页视觉设计

图 12-2-29 页面排版

图12-2-30 排版效果

项目十二　详情页视觉设计

图12-2-31　最终效果图

任务评价

项次	项目	要　　求	分值	得分
1	钢笔工具	贝塞尔曲线不卡角；线条连贯，起伏流畅	10	
2	剪贴蒙版	掌握剪贴蒙版使用方法（快捷键），图层排列整齐有序	15	
3	色相/饱和度	色相搭配协调统一；饱和度调节合理，不突兀	15	
4	文字工具	字号大小控制合理，字距行距设置正常	15	
5	自由变换	掌握快捷键[Ctrl]+[T]操作方法；等比例缩放，不变形	15	
6	形状工具	形状、大小符合页面排版，颜色、描边设置合理	15	
7	画面美感	画面色调协调、舒适、统一；排版美观，视觉效果强	15	
		合计	100	

能力拓展

1. 扫描二维码，学习视频教程。
2. 从素材库中下载对应的素材，根据教程设计一张详情页。

教程

知识链接

如何设计宝贝详情页：扫描二维码，学习相关文章。

知识链接

模块三 网店主要模块设计与应用

项目十三　首页视觉设计

　　首页的展示如同实体店铺中商品陈列，通过视觉、氛围、商品、服务，使顾客对店铺有初步直观的了解。

　　店铺首页是引导买家浏览路径、提高店铺转化的重要手段，同时也是店铺风格的体现。首页就相当于线下店铺的门面，使买家对整个店铺产生一种直观感受，是决定客户对店铺是否产生信任的关键。

网店视觉 设计与应用

任务 1　茶类首页设计

学习目标

1. 掌握选框工具、形状工具与文字工具的搭配使用。
2. 了解茶类首页图片的设计思路。

任务描述

首页如同一个店铺的店面，是引导客户进店的关键。内容的排版与整体的颜色搭配决定了首页图片的品质。现需要你为一家销售茶类店铺设计首页。由于该店铺的主要受众群体为女性，设计时要充分考虑到这些特性，由此确定整体的颜色与风格，同时注意色彩的搭配。需运用画笔、图层样式等工具处理已有素材。

任务分析

网店的颜色是视觉营销中不可忽视的因素。各种颜色的面积平均分配会导致色彩之间相互排斥，整个页面显得非常凌乱。在设计页面色彩时，无论用几种颜色组合，都应主次分明。主色调在配色中占据主要地位，面积也应较大；次要颜色只起到陪衬、点缀作用的，占据的面积就要小。

任务准备

硬件要求：一台足够运行 PhotoShop 软件的电脑。

实操要求：产品图、文案、素材（素材可从素材库中下载）。

任务实施

步骤 01：新建 1 920 像素×7 000 像素的画布。

步骤 02：点击"视图"，选择"新建参考线"，分别在 50% 及 360 像素、1 560 像素位置做垂直参考线，如图 13-1-1 所示。

步骤 03：将做好的店招置于画布最顶层。

步骤 04：使用"矩形工具"在店招下方绘制矩形，如图 13-1-2 所示。

步骤 05：置入素材，按[Ctrl]+[Alt]+[G]对下方矩形创建"剪贴蒙版"。

步骤 06：置入素材，调整好位置、大小，按[Ctrl]+[J]键复制一层，置于原图层底部，如图 13-1-3 所示。

项目十三　首页视觉设计

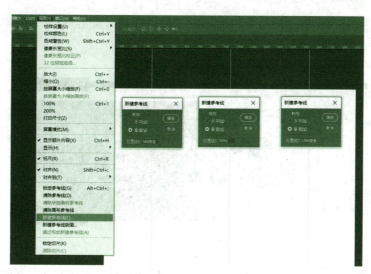

图 13-1-1　导入背景

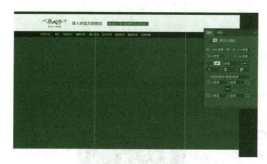

图 13-1-2　绘制矩形

图 13-1-3　置入素材

步骤07：将底下的复制图层进行模糊处理。选择"滤镜"→"模糊"→"动感模糊"，具体参数如图 13-1-4，注意调整角度与距离。

图 13-1-4　模糊

步骤08：置入素材，双击图层空白处，调出"图层样式"，点击"投影"，为素材创建投影，颜色填充♯752e41，如图13-1-5所示。

图13-1-5　投影

步骤09：置入产品素材，按[Ctrl]+[T]键自由变换，调整位置、大小、方向。点击图层2的素材图层，右键选择"拷贝图层样式"，分别对产品素材"粘贴图层样式"创建"投影"，如图13-1-6所示。

图13-1-6　粘贴图层样式

步骤10：使用"钢笔工具"为下方花瓣绘制路径。按[Ctrl]+[Enter]键建立选区，按[Ctrl]+[J]复制一层，置于产品图层之上。双击图层空白处调出"图层样式"，点击添加"投影"，颜色同上，如图13-1-7所示。

图13-1-7　复制选区

步骤11：使用"文字工具"输入文案"致闺蜜，来嗨吧！"，复制，并使用"自由变换"变形处理，创建图层蒙版，使用"画笔工具"设置柔和画笔涂抹，如图13-1-8所示。

步骤12：使用"矩形工具"绘制矩形，填充♯f9d5db。

步骤13：新建图层。前景色填充♯fae4e9，使用"画笔工具"涂抹图中产品背景区域，置入产品素材，调整好位置。对矩形创建剪贴蒙版，如图13-1-9所示。

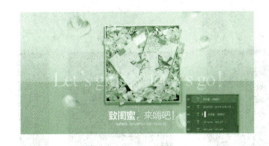

图13-1-8　添加文字

图13-1-9　素材

步骤14：置入其他素材，调整好位置，如图13-1-10所示。

图13-1-10　置入素材

步骤15：使用"文字工具"输入文案，填充♯dc5d6c。使用"矩形工具"绘制矩形，填充白色，双击图层空白处调出"图层样式"，点击添加"内阴影"，填充♯d25e78，具体参数如图13-1-11所示。

图13-1-11　矩形、文案

步骤16：使用"文字工具"输入文案，填充#ca784c。双击图层空白处调出"图层样式"，点击添加"渐变叠加"，"颜色"设置为#fae5ea，透明，"角度"为90°，如图13-1-12所示。

步骤17：使用"文字工具"输入文案，填充#dc5d6c。使用"自定形状工具"绘制箭头形状，填充同文案，如图13-1-13所示。

图13-1-12　渐变叠加　　　　　　　图13-1-13　文案、图案

步骤18：使用"文字工具"输入文案，填充#df5d7c。使用"矩形工具"绘制高为1像素的矩形，填充黑色。按[Ctrl]+[J]复制一层，分别置于文案左右两边，如图13-1-14所示。

步骤19：置入素材，调整好位置、大小，如图13-1-15所示。

图13-1-14　文案　　　　　　　　图13-1-15　置入素材

步骤20：置入素材，调整位置、大小。使用"椭圆工具"，按住[Shift]键，鼠标左键点击，拖动绘制正圆，填充#f09cb1。使用"文字工具"输入"赠"，将圆与"赠"字复制一层，移动到合适的位置，如图13-1-16所示。

步骤21：使用"文字工具"输入文案"1""2"，填充#e3854d。使用"矩形工具"绘制矩形，关闭填充。描边填充黑色，大小设置为1像素。文案整体排版为右对齐，注意调整行距与字间距，如图13-1-17所示。

图 13-1-16 置入、调整

图 13-1-17 输入文案

步骤 22：按［Alt］键，点击拖动复制上方标题，修改文案，如图 13-1-18 所示。

图 13-1-18 复制标题

步骤 23：拖入产品图片，调整好位置与大小比例，如图 13-1-19 所示。

图 13-1-19 导入产品

步骤 24：使用"文字工具"输入文案，分别填充黑色与♯df5d7d，如图 13-1-20 所示。
步骤 25：使用"矩形工具"绘制高为 1 像素的矩形框，填充黑色，如图 13-1-21 所示。
步骤 26：置入素材，调整位置。使用"文字工具"输入文案，分别填充黑色与♯df5d7d，如图 13-1-22 所示。

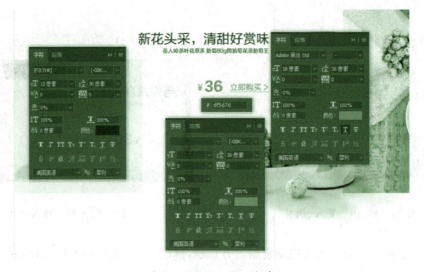

图 13-1-20　输入文案

图 13-1-21　矩形工具

图 13-1-22　编辑文字

步骤 27：按[Ctrl]+[J]复制左边图层，并移动到右边，更改文案与产品图片，并复制分割线，如图 13-1-23 所示。

图 13-1-23 复制、修改

步骤 28：置入素材，调整好位置。使用"文字工具"输入文案，分别填充黑色与 #df5d7d，如图 13-1-24 所示。

图 13-1-24 输入文字

步骤 29：同上，复制并修改产品与文案，如图 13-1-25 所示。

图 13-1-25 复制、修改

步骤 30：按 [Alt] 键点击，拖动复制上方标题，修改文案，如图 13-1-26 所示。

图 13-1-26　复制标题

步骤 31：使用"矩形工具"绘制矩形，填充♯e5e5e5，如图 13-1-27 所示。

图 13-1-27　矩形

步骤 32：置入素材，调整图层"混合模式"为"正片叠底"，调整好位置，并对矩形创建剪贴蒙版，如图 13-1-28 所示。

图 13-1-28　置入素材

步骤 33：置入素材，调整好位置、大小，如图 13-1-29 所示。

图 13-1-29　置入素材

步骤 34：使用"文字工具"输入文案，文案参数与上屏一致，如图 13-1-30 所示。

项目十三 首页视觉设计

图 13-1-30 输入文案

步骤35：置入素材，调整大小、位置。使用"文字工具"输入文案，参数同上，如图 13-1-31 所示。

图 13-1-31 置入、排版

步骤36：按[Ctrl]+[J]键复制左边图层，并移动到中间、右侧，更改文案与产品图片，复制分割线，如图 13-1-32 所示。

图 13-1-32 复制、排版

步骤37：同上，复制并修改产品与文案，如图 13-1-33 所示。

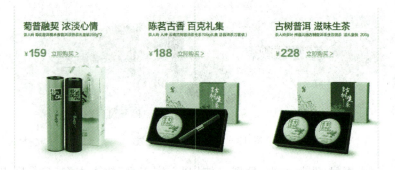

图 13-1-33 复制、修改

步骤 38：复制"小腰精的奥秘"整个模块（包括标题），全选后按[Ctrl]+[T]自由变换，移动图层位置，并修改文案与产品信息，如图 13-1-34 所示。

图 13-1-34 复制、排版

步骤 39：最后置入"返回顶部"模块。使用"裁剪工具"减去多余的页面部分，按[Enter]键确定。到这里，首页就完成了，如图 13-1-35 所示。最终效果如图 13-1-36 所示。

项目十三　首页视觉设计

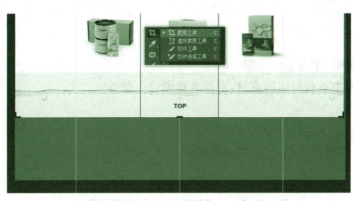

图13-1-35　返回顶部

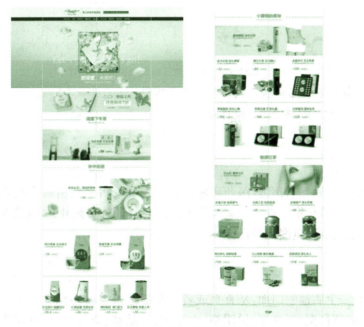

图13-1-36　最终效果图

任务评价

项次	项目	要　　求	分值	得分
1	文字工具	会编辑文字及修改字体样式,字体选择、行距设置合理	20	
2	自由变换	掌握快捷键[Ctrl]+[T]操作方法;等比例缩放,不变形	20	
3	形状工具	图像不变形,比例无误;正确设置填充、描边颜色	20	
4	选框工具	掌握选框工具的使用方法,羽化设置符合整体页面	20	
5	画面美感	画面色调协调、舒适、统一;排版美观,视觉效果强	20	
		合计	100	

能力拓展

1. 扫描二维码,学习案例视频。
2. 从素材库中下载对应的素材,根据教程设计一张首页。

知识链接

首页视频:扫描二维码,学习相关视频。

教程

知识链接

▶ 任务 2　医药店铺首页设计

学习目标

1. 学会剪贴蒙版与形状工具的搭配使用方法。
2. 掌握店铺首页(专题页)设计技巧。

任务描述

店铺首页是一个店铺的招牌,医药店铺的首页要装修得简约精致才能给客人带来好的购物体验,提升商品转化率。现有一家医药店铺需要设计首页图片,要求你运用 PhotoShop 软件里的工具,运用专题页图片的设计技巧完成任务。

任务分析

店铺首页是一个店铺的门面,从首页或者产品描述直接跳转到专题页。专题页可以归纳为多种类型,如节日型、事件型、说明型、主题型、产品型、季节型等,只要是被消费者关注的焦点,都可以作为独立的主题将其规划成专题页面。相比首页来说,专题页可以专心说一件事情,指向性更强。比如店铺活动、我的会员设置、我的品牌故事、我发起的事件等。从这些专题页上能感受到浓厚的促销信息、品牌文化,以及店铺对老客户的回馈与感恩。这些页面让消费者有参与感的同时,也完成了店铺想要的传递效果。一般来说,专题页有提升客户黏度和提升店铺转化率的作用。

任务准备

硬件要求:一台足够运行 PhotoShop 软件的电脑。
实操要求:产品图,文案(素材可从素材库中下载)。

任务实施

步骤01:新建 1 920 像素×10 000 像素的白底画布。一般制作首页时都会多预留一定的尺寸，画面不够时可以再添加，过多则可以删减。这里直接输入精准尺寸。

步骤02：使用"矩形工具"绘制矩形，填充#321b0d。

步骤03：依次置入素材，按图13-2-1所示方式排列，结合"自由变换"调整素材位置、大小。

步骤04：对背景素材创建分组，对分组建立"亮度/对比度""色阶"，并创建剪贴蒙版，具体参数如图13-2-2所示。

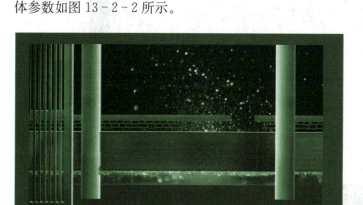

图13-2-1 置入素材

图13-2-2 调色

步骤05：使用"钢笔工具"绘制图13-2-3所示形状。选择工具属性栏"形状"选项建立形状，填充#f1d09d。

图13-2-3 绘制形状

步骤06：为形状添加图层蒙版，使用"画笔工具"涂抹出柔和过渡面。新建图层，前景色设为#f9fafa，使用"画笔工具"涂抹，图层"混合模式"设为"线性减淡"，不透明度设为15%，涂抹效果如图13-2-4所示。

步骤07：分别使用"钢笔工具"绘制图13-2-5所示形状。选择工具属性栏"形状"选项建立形状，填充#e2993b 与#cd602a。

步骤08：同上操作，使用"钢笔工具"绘制形状。完成后点击工具属性栏"形状"转换形状图层，填充#e29735。新建图层，前景色设为白色，使用"画笔工具"涂抹转弯区域，图层"混合模式"设为"叠加"，不透明度设为27%，如图13-2-6所示。

图 13-2-4 涂抹效果

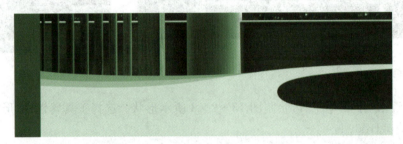

图 13-2-5 建立形状

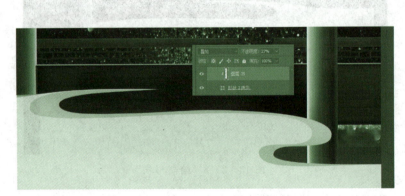

图 13-2-6 调整图层样式

步骤09：复制一层，填充#cd602a，按自由变换调整形状、大小。新建图层，前景色设为黑色，使用"画笔工具"涂抹，图层"混合模式"设为"叠加"，不透明度设为29%，如图13-2-7所示。

步骤10：置入素材，不透明度设为25%。双击图层空白处调出"图层样式"，添加"颜色叠加"，颜色设为#e8ad40，如图13-2-8所示。

项目十三　首页视觉设计

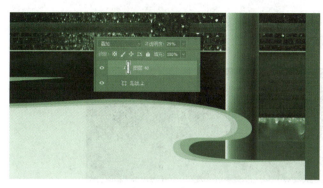

图13-2-7　复制图层

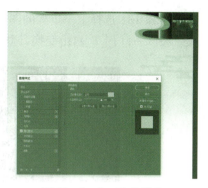

图13-2-8　图层样式

步骤11：置入文案素材与纹理素材，对文案创建剪贴蒙版。复制文案图层，置于下方，移动位置并添加"颜色叠加"（方法同上），颜色设为♯743100，具体参考如图13-2-9所示。

图13-2-9　置入文案素材

步骤12：置入素材，添加"颜色叠加"，颜色设为♯611900。使用"文字工具"输入文案，颜色填充♯ffd000与白色，具体参数如图13-2-10所示。

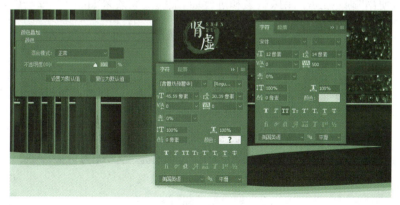

图13-2-10　文案参数设置

步骤13：选择上一步骤的图层，按［Alt］键，鼠标左键拖动复制上一步骤的图层，修改文案。按［Ctrl］+［T］自由变换，调整位置，效果如图13-2-11所示。

图13-2-11　复制、调整图层

步骤14：置入素材，调整好位置大小；使用"文字工具"输入文案，颜色设为♯ffd100，如图13-2-12所示。

图13-2-12　文案参数

步骤15：使用"矩形工具"绘制矩形，填充渐变颜色♯611900～♯0e0906。使用"矩形工具"绘制虚线框，关闭填充，描边填充♯e2993b，大小为2像素。选择圆形虚线，对图层建立"图层蒙版"，使用"画笔工具"涂抹做柔和过渡面，最终文案效果如图13-2-13所示。

图13-2-13　文案效果

步骤16：置入底座素材（可以使用形状工具绘制），使用"文字工具"添加文案，填充♯f3d175，如图13-2-14所示。

图 13-2-14 底座效果

步骤 17：置入产品素材，双击图层空白处调出"图层样式"，添加"投影"，参数调整适中即可，如图 13-2-15 所示。

图 13-2-15 添加投影

步骤 18：在产品周围置入素材"高光"，"混合模式"选择"滤色"，调整效果如图 13-2-16 所示。

图 13-2-16 调整效果

步骤 19：置入产品素材，分别在图层空白处双击，调出"图层样式"，添加"投影"，参数无具体要求，适中即可，效果如图 13-2-17 所示。

图 13-2-17 投影效果

步骤 20：对首屏海报进行画面完整性调整。新建图层，置于曲线形状图层下方，使用"画笔工具"涂抹背景与曲线的交界处，前景色设为黑色，如图 13-2-18 所示。

图 13-2-18 完成首屏

步骤 21：置入素材图片，如图 13-2-19 所示。

步骤 22：使用"文字工具"依次输入文案，并添加"渐变叠加"（方法同上），颜色为 ♯4e281e～♯8a573d，具体参数如图 13-2-20 所示。

图 13-2-19 置入背景

图 13-2-20 具体参数

步骤23：使用"文字工具"输入文案，填充♯815038，如图13-2-21所示。

图13-2-21　文字工具

步骤24：使用"椭圆工具"，按[Shift]键绘制正圆，描边颜色填充♯efc786，大小为3点，双击图层空白处调出"图层样式"，添加"渐变叠加"，颜色设为♯ffd8a4～♯f6e1c2。按[Alt]键鼠标左键拖动复制，调整位置，置于文字下方，效果如图13-2-22所示。

步骤25：置入素材，调整位置、大小、颜色，添加"图层蒙版"，柔和过渡，如图13-2-23所示。

图13-2-22　椭圆工具

图13-2-23　置入素材

步骤26：置入素材，调整位置，使用"文字工具"输入文案，填充♯ffde00。在上方素材图层置入图片，创建剪贴蒙版。选中图层，建立分组，如图13-2-24所示。

步骤27：按[Ctrl]+[J]复制分组，调整位置，修改图片与文案，效果如图13-2-25所示。

步骤28：使用"钢笔工具"绘制形状。工具属性栏点击"形状"建立形状，填充♯f6e4be。复制一层，置于下方，填充♯dda964，不透明度设为30%，点击"调整"选择"羽化"，设置8.2像素。

步骤29：使用"椭圆工具"按住[Shift]键绘制正圆，点击"调整"选择"羽化"，设置200像素。对下方背景做剪贴蒙版。置入素材，调整好位置、大小，添加"颜色叠加"，颜色改为♯ebcd94，图层不透明度为50%，效果如图13-2-26所示。

图 13-2-24 建立分组

图 13-2-25 调整效果图

步骤 30：复制上方标题，更改文案信息，如图 13-2-27 所示。

图 13-2-26 正圆效果

图 13-2-27 更改文案

步骤31：置入产品素材，排版摆放。置入小素材与产品素材，产品素材置于小素材上方。创建剪贴蒙版，使用"文字工具"输入文案与点缀文案，填充#ff2b2b，如图13－2－28所示。

图13－2－28　文字参数

步骤32：同上操作，复制上方图层，调整大小，排版整齐，修改文案，最终排版效果如图13－2－29所示。

图13－2－29　排版效果

步骤33：使用"矩形工具"绘制矩形，使用"钢笔工具"在矩形路径上添加锚点，选中锚点往下移动，填充#af2c22。使用"矩形工具"绘制上方小矩形，填充#f5bc4f。

步骤34：复制该背景形状，图层填充为0%，双击图层空白处，调出"图层样式"添加"内阴影"，具体参数如图13－2－30所示。

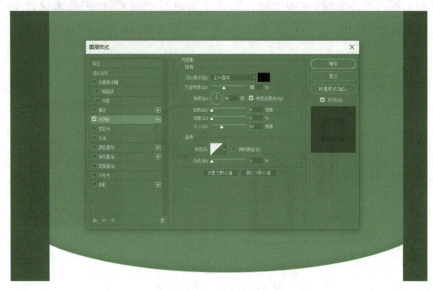

图 13-2-30　内阴影参数设置

步骤35：置入素材，调整位置及大小，添加"颜色叠加"，颜色为♯c86134，如图13-2-31所示。

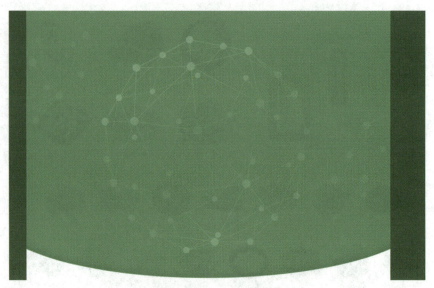

图 13-2-31　调整素材

步骤36：使用"椭圆工具"，按住［Shift］键绘制正圆，填充♯b30d00。双击图层空白处，调出"图层样式"，添加"描边"，颜色为渐变♯f3cb83～♯ffdfa7～♯ffeac5。添加"内阴影"，颜色设为♯8c0a00。置入素材，添加图层蒙版，去除多余区域。再新建图层，"混合模式"改为"柔光"，前景色设为白色，使用"画笔工具"造出阴影部分，具体参数如图13-2-32所示。

项目十三 首页视觉设计

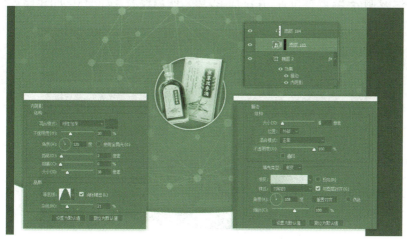

图 13-2-32 参数设置

步骤 37：置入素材，添加"描边"。使用"矩形工具"绘制圆角矩形，半径设为 23.5 像素，颜色使用渐变填充♯ffebc9～♯ffd68d，描边填充♯c83126。使用"椭圆工具"，按住[Shift]键绘制正圆，填充♯b30d00。使用"文字工具"编辑文案。该步骤图层建立分组，具体参数如图 13-2-33 所示。

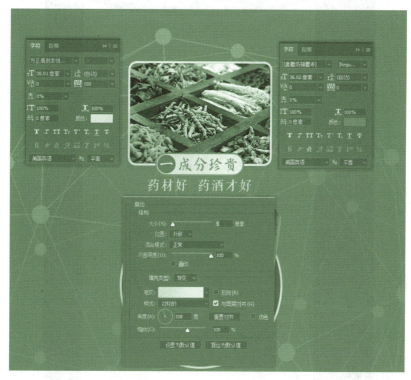

图 13-2-33 具体参数

步骤38：复制分组，调整位置，并添加"投影"，颜色设为♯7f0900，如图13-2-34所示。

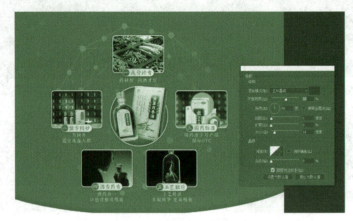

图13-2-34　投影参数

步骤39：使用"矩形工具"绘制矩形，填充♯f7e7c9。置入素材，创建剪贴蒙版，图层不透明度改为40％。添加图层蒙版，使用"画笔工具"将中间部分区域涂抹减淡，如图13-2-35所示。

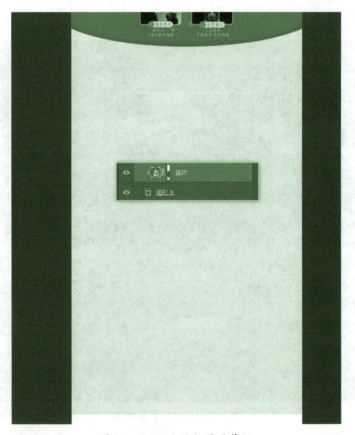

图13-2-35　添加图层蒙版

步骤40：置入素材，双击图层空白处调出"图层样式"，添加"描边"，颜色填充为 #f2cd7b，如图13-2-36所示。

图13-2-36　置入素材

步骤41：复制上方标题，如图13-2-37所示。

步骤42：置入素材，调整位置、大小，效果如图13-2-38所示。

图13-2-37　复制标题

图13-2-38　素材调整效果

步骤43：使用"文字工具"输入文案，并添加"描边"与"投影"。填充 #db0000，下方文案填充 #964a00。置入素材，添加"颜色叠加"，颜色为 #be9168，如图13-2-39所示。

图13-2-39　参数设置

步骤44：使用"圆角矩形工具"绘制圆角矩形，半径设为23.5像素，填充♯964a00。双击图层空白处，调出"图层样式"，添加"描边"与"投影"，具体参数如图13－2－40所示。

图13－2－40　具体参数

步骤45：选中上一步骤图层，建立分组，复制，自由变换，调整位置，如图13－2－41所示。

图13－2－41　复制、调整分组

步骤46：置入素材，调整位置大小。使用"矩形工具"绘制矩形，填充♯f7e7c9，图层"混合模式"改为"颜色"，如图13－2－42所示。

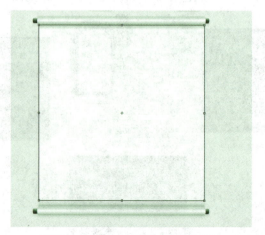

图13－2－42　绘制、填充矩形

步骤47：使用"文字工具"输入标题文案，填充♯815038。再输入正文文案，填充♯665c64，如图13-2-43所示。

图13-2-43　输入标题文案

步骤48：置入背景素材与点缀素材，调整位置、大小，点缀素材添加"颜色叠加"颜色为♯c18716，图层"混合模式"设为"叠加"，不透明度为30％。使用"矩形工具"绘制标题下方小矩形，填充♯b7891c。

步骤49：使用"文字工具"输入文案，填充♯c18716。新建图层，"混合模式"设为"柔光"，不透明度为80％。使用"画笔工具"涂抹亮部，颜色为♯c18716。使用"圆角矩形工具"绘制圆角矩形，半径为2.5像素，颜色为♯c18716。使用"钢笔工具"绘制直线，点击工具属性栏"形状"选项，建立形状，添加图层蒙版。使用"画笔工具"擦除多余区域，如图13-2-44所示。

图13-2-44　文字参数

步骤50：使用"矩形工具"绘制矩形，填充白色，双击图层空白处调出"图层样式"，建立"投影"，颜色填充♯9c6828，如图13-2-45所示。

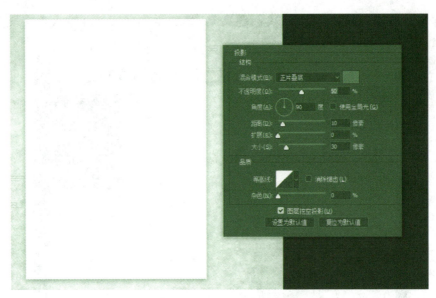

图 13-2-45　建立投影

步骤 51：置入素材，排版对齐，输入信息文案，排版效果如图 13-2-46 所示。

图 13-2-46　排版效果

步骤 52：使用"圆角矩形工具"绘制圆角矩形，半径设为 54 像素，双击图层空白处调出"图层样式"添加"描边"，颜色设为白色。添加"渐变叠加"，渐变颜色为♯ffebc9～♯ffd68d。添加"投影"，颜色为♯c38a19，具体参数如图 13-2-47 所示。

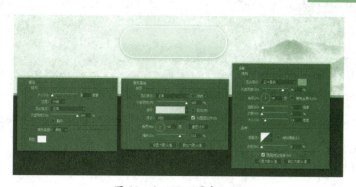

图 13-2-47　圆角矩形

步骤53：使用"文字工具"，输入文案，填充♯c18716。新建图层，"混合模式"设为"柔光"，不透明度为80%，前景色设为白色。使用"画笔工具"涂抹高光部分，按[Ctrl]+[Alt]+[G]对文案建立剪贴蒙版。使用"自定义形状工具"绘制箭头形状，按[Ctrl]+[T]自由变换，调整位置、方向、大小，填充♯c38a19，如图13-2-48所示。最终效果如图13-2-49所示。

图 13-2-48　文字参数

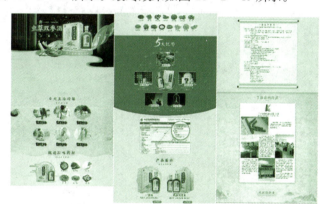

图 13-2-49　最终效果图

任务评价

项次	项目	要　　求	分值	得分
1	钢笔工具	贝塞尔曲线不卡角；线条连贯，起伏流畅	10	
2	剪贴蒙版	掌握剪贴蒙版使用方法（快捷键），图层排列整齐有序	15	
3	色相/饱和度	色相搭配协调统一；饱和度调节合理，不突兀	15	
4	文字工具	字号控制合理，字距、行距设置正常	15	
5	自由变换	掌握快捷键[Ctrl]+[T]使用方法；等比例缩放，不变形	15	
6	形状工具	形状大小符合页面排版要求，颜色、描边设置合理	15	
7	画面美感	画面色调协调、舒适、统一；排版美观，视觉效果强	15	
		合计	100	

网店视觉 设计与应用

能力拓展

1. 扫描二维码,学习视频教程。
2. 从素材库中下载对应的素材,根据教程设计一张首页。

知识链接

淘宝店铺首页设计要义:扫描二维码,学习相关文章。

教程

知识链接

模块三 网店主要模块设计与应用

项目十四 店铺装修

　　没有装修的店铺不仅毫无美感,且在很大程度上拉低了店铺及商品的档次,不能给人以信任感,更不会有人光顾这样一间没有任何装修的店铺。装修漂亮的店铺不仅能体现店铺特色和专业性,还能起到视觉营销的作用,让买家感觉到卖家是在用心经营店铺,从而加深买家对店铺的好感,提升店铺的品牌形象。

网店视觉 设计与应用

任务 1　PC 端店铺装修（医药店铺）

学习目标

学会 PC 端店铺装修。

任务描述

PC 端是和无线端相对应的名词。店铺首页由很多部分组成，对店铺的装修就是对这些部分的装修，目的是给买家良好的购物环境。现需要你运用 PhotoShop 的基础工具以及"小语言"工具，设计修改一家医药店铺 PC 端首页，打造轻松、开心、享受的购物环境。

任务分析

由于网购的特殊性，买家只能通过店铺的图片和文字等视觉内容，初步了解店铺。因此店铺装修就显得异常重要。店铺装修需要充分考虑布局划分、产品分类、功能区分类等问题，合理布局是促成爆款的关键。

PC 端与无线端的店铺装修有很大的不同。PC 端装修包含模板选择、导航设置、商品楼层、热门搜索、默认搜索、广告管理、商家服务、SEO 设置、版权设置、友情链接和分类显示。要想实现 PC 端装修的全屏效果，首先要在 PS 软件中处理图像的大小等，注意参考线的创建。

任务准备

硬件要求：一台足够运行 PhotoShop 软件的电脑。
实操要求：首页图（素材可从素材库中下载）。

任务实施

步骤 01：打开首页文件（这里使用专题页，PC 端首页与无线端的方法类似，专题页的上传略有不同）。按［Ctrl］+［R］调出标尺，点击拖动标尺，拉出参考线，分别把页面分为多个部分（拉参考线时要尽量以模块区分，更方便后面加链接），如图 14-1-1 所示。

步骤 02：右击"裁剪工具"→"切片工具"→"工具属性栏"→"基于参考线的切片"，完成切片，如图 14-1-2 所示。

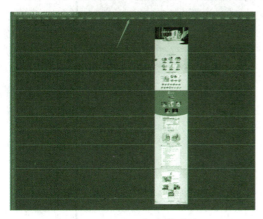
图14-1-1 新建参考线

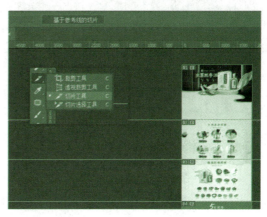
图14-1-2 切片

步骤03：按[Ctrl]+[Alt]+[Shift]+[S]存储为Web所用格式，点击【存储】，如图14-1-3所示。

图14-1-3 存储

步骤04：选择存储的位置，选择"所有切片"，点击【保存】即可。

步骤05：打开"图片空间"，将完成切片的图片全部上传到"图片空间"，确定，如图14-1-4所示。

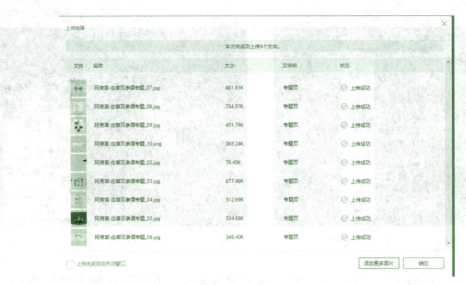

图 14-1-4　图片空间

步骤 06：点击"千牛工作台"→"店铺管理"→"店铺装修"，如图 14-1-5 所示。

步骤 07：点击"店铺装修"→"PC 端"，如图 14-1-6 所示。

图 14-1-5　店铺装修　　　　　　　　　　图 14-1-6　PC 端

步骤 08：点击"自定义页"，点击右上角"+新建页面"，输入名称，点击"新建页面"，之后页面会自动弹到新建的页面中，如图 14-1-7 所示。

图 14-1-7　自定义页

步骤 09：旺铺装修页面如图 14-1-8 所示。

图 14-1-8 装修页面

步骤 10：点击"布局管理"→"添加布局单元"，选择"950"，返回"页面编辑"。因为要做全面屏的专题页面，考虑到大多数卖家没有开通智能版旺铺，因此选择 950 通栏，再用代码呈现即可展示全屏页面，如图 14-1-9 所示。

步骤 11：选择"自定义区"，拖动到"可添加模块"，松开鼠标，即可建立"自定义内容区"，如图 14-1-10 所示。

图 14-1-9 布局管理　　　　　　　　图 14-1-10 添加模块

步骤 12：点击"编辑"按钮，弹出"自定义内容区"的编辑框，可以在上面直接编辑，如图 14-1-11 所示。

图 14-1-11 编辑

步骤 13：输入"http://www.zxtb.net/temp/"打开小语言代码编辑网站，如图 14-1-12 所示。

图 14-1-12　小语言

步骤 14：打开"图片空间"页面，找到刚上传的首屏海报，点击下方"复制链接"，如图 14-1-13 所示。

步骤 15：接下来打开"小语言"页面，点击添加"图片层"，在底部"宝贝图片"的"图片地址"粘贴刚才复制的图片链接，页面会立刻弹出复制的图片。在右边"主配置"中"页面宽高"输入与底部"大小"的尺寸相同的数据，如图 14-1-14 所示。

图 14-1-13　复制链接

图 14-1-14　图片层

步骤 16："点击链接"可以添加产品链接或活动信息链接页面，可以设置新窗口展示与原窗口展示，如图 14-1-15 所示。

步骤 17：点击上方"生成代码"，选择"生成淘宝自定义代码"，将代码框代码全选复制，如图 14-1-16 所示。

图 14-1-15　点击链接

图 14-1-16　生成代码

步骤 18：打开装修页面，点击"编辑"，将代码复制到内容框。复制前要先点击左上角第一个图标"源码"，点击【确定】，如图 14-1-17 所示。

项目十四　店铺装修

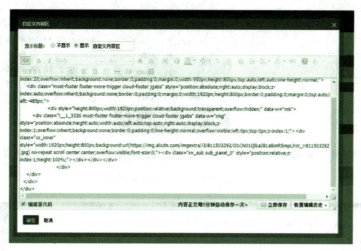

图14-1-17　源码

步骤19：同上操作，复制代码，点击【确定】，如图14-1-18所示。

图14-1-18　复制代码

步骤20：点击"自定义区"，拖动到模块区域，新建编辑模块，如图14-1-19所示。

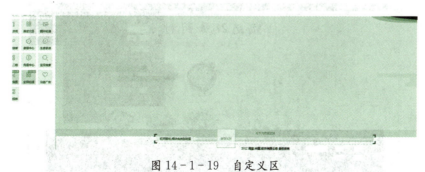

图14-1-19　自定义区

步骤21：同样的操作，打开"图层空间"，复制第3张图片链接，如图14-1-20所示。

步骤22：打开"店铺装修"页面，点击编辑窗口，选择左上角"源码"，将代码复制进去，点击【确定】，如图14-1-21所示。

图 14-1-20　图层空间

图 14-1-21　源码

步骤23：复制第4张图片，打开"小语言"页面，添加"图片层"，粘贴图片链接，根据图片设置页面宽高。要单独区域链接产品，可以添加"热点层"，可以调整矩形框大小来调整点击区域大小，并在底部位置添加链接，如图14-1-22所示。

图 14-1-22　图片层

步骤24：同上，将代码复制进装修页面编辑框，确定。

步骤25：当复制代码到页面时，若发现出现了白色缝隙，是因为代码里面出现了尺寸误差,只需要更改代码里面的尺寸即可,如图 14-1-23 所示。

图 14-1-23　页面出现白色缝隙

步骤 26：打开上一模块,找到"height:1 036 像素",将"1 036"改为"1 016",确定,如图 14-1-24 所示。

步骤 27：保存之后,画面就能够完整衔接起来了。

步骤 28：同上,将图片链接代入"小语言"页面,设置好之后复制代码,如图 14-1-25 所示。

图 14-1-24　更改代码　　　　　　图 14-1-25　复制代码

步骤 29：同上,将监管页面上传,如图 14-1-26 所示。

图 14-1-26　上传监管页面

步骤30：同一页面也可添加多个"热点层"，如图14-1-27所示。

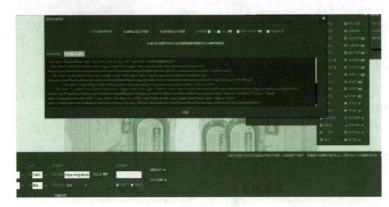

图14-1-27　热点层

步骤31：同上，将说明页面也置入店铺装修，如图14-1-28所示。

图14-1-28　置入说明页面

步骤32：同时将企业信息置入页面（方法同上），如图14-1-29所示。

图14-1-29　置入企业信息

项目十四 店 铺 装 修

步骤33：最后添加"返回顶部"图片。先在"图片空间"复制好图片链接,使用"小语言"页面添加"图片层",在页面底部粘贴复制好的链接,调整页面宽高(按图片尺寸来),如图14-1-30所示。

图14-1-30 添加图片层

步骤34：添加"热点层",调整"热点层"大小,在底部点击链接,复制店铺首页链接,选择"原窗口",如图14-1-31所示。

图14-1-31 添加热点层

步骤35：点击"生成代码",点击"生成淘宝自定义代码",全选框内代码,按[Ctrl]+[C]复制。

步骤36：打开装修页面,点击"编辑",将代码复制到内容框,复制前要先点击左上角第一个图标"源码",点击【确定】。

步骤37：点击右上角"发布站点",选择【确认发布】即可,如图14-1-32所示。

图14-1-32 确认发布

步骤38：最后返回"店铺装修"页面，选择"自定义页"，找到制作的页面，选择"设为首页"，即可完成首页的设计。

任务评价

项次	项目	要求	分值	得分
1	切片工具	图片分割大小合理，符合装修尺寸要求	20	
2	"小语言"工具	灵活运用"小语言"工具编辑自定义页面	40	
3	店铺装修页面	熟练掌握店铺装修打开方式与使用方法	40	
		合计	100	

能力拓展

从课程素材库中下载对应的素材，装修PC端店铺首页（专题页）。

知识链接

淘宝首页装修教程：扫描二维码，学习相关文章。

素材

知识链接

▶ 任务2　无线端店铺装修（医药店铺）

学习目标

1. 了解无线端医药店铺装修步骤。
2. 学会上传切片图片。

任务描述

在无线营销发展的大趋势下，掌握无线端店铺装修的方向就等于握住了无线端网络营销发展的咽喉。现需要你设计一家医药店铺无线端首页，注意在任务中运用切片工具，掌握无线端店铺装修的方法。

任务分析

无论是在PC端店铺还是无线端店铺，店铺装修的好坏与消费者的购买欲望密切相关。越来越多的买家由PC端转移到无线端，使得无线端的店铺装修成为不可忽视的一部分。由于PC端和无线端在页面上的显示不同，因此在操作时所要注意的要点也有所不同，不能一味将PC端店铺装修经验用在无线端的店铺装修上。

项目十四　店铺装修

任务准备

硬件要求：一台足够运行 PhotoShop 软件的电脑。

实操要求：首页图（素材可从素材库中下载）。

任务实施

步骤01：进入店铺后台，打开"图片空间"，上传准备好的图片素材。

步骤02：点击"店铺装修"→"手机端"，在右上角点击"新建页面"，输入页面名称，点击【确定】即可生成页面，如图14-2-1所示。

图14-2-1　新建页面

步骤03：如图14-2-2所示是无线端首页装修的页面，左边是装修模块。可以根据需要选择相应的模块，直接拖拽进入中间的装修预览区。完成装修后点击右上角的"发布"或"保存"即可。

图14-2-2　页面

步骤04：点击"店招"，选择"上传店招"，如图14-2-3所示。

图14-2-3　上传店招

步骤05：选择"替换图片"，进入"图片空间"选择相应的图片，如图14-2-4所示。

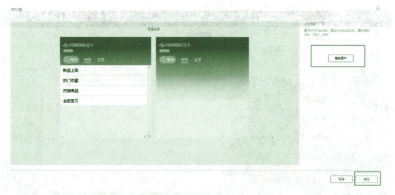

图14-2-4　图片空间

步骤06：点击"保存"，点击【确定】，如图14-2-5所示。

图14-2-5　保存

步骤07：选择"轮播图模块"置入，点击"上传图片"，选择轮播图，如图14-2-6所示。

步骤08：选择合适的轮播图，调整尺寸。无线端支持横屏和竖屏海报。在手机上显示竖屏海报更占优势，因此这里选择竖屏海报。点击【保存】，如图14-2-7所示。

项目十四 店铺装修

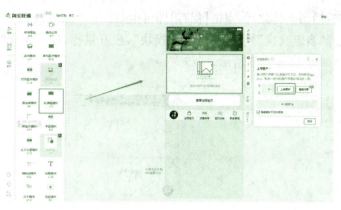

图14-2-6 上传

图14-2-7 轮播图

步骤09：在图片上可以输入产品或页面链接，也可以直接点击链接的图标，选择店铺链接，点击"＋添加"即可添加新的轮播图。这里再添加2张，如图14-2-8所示。

图14-2-8 添加

步骤10：将轮播图上传之后，点击【保存】即可生效。

步骤11：选择"自定义区"拖动到"可添加模块"，松开鼠标，即可建立"自定义内容区"。点击"编辑版式"，如图14-2-9所示。

图14-2-9 "自定义"页面

步骤12：调整到合适的尺寸，选择素材图片，保存。在下方链接框选择添加链接页面即可。接着画出第二个框，同上操作，将第二个图片素材置入，添加链接，如图14-2-10所示。

图14-2-10 置入素材图片

步骤13：依次将素材图片置入并添加链接，点击右上角"完成"保存。

步骤14：勾选"隐藏该模块下方的白色间隙"，点击【保存】，如图14-2-11所示。

图14-2-11 保存

步骤15：选择"自定义区"拖动到"可添加模块"，松开鼠标，即可建立"自定义内容区"。点击"编辑版式"，适当调整裁剪的尺寸，选择相应的图片并添加链接，如图14－2－12所示。

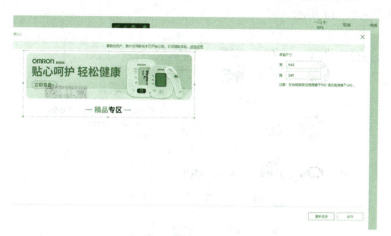

图14－2－12　调整裁剪尺寸

步骤16：同上，添加链接，如图14－2－13所示。

图14－2－13　添加链接

步骤17：添加链接，如图14－2－14所示。

图14－2－14　编辑版式

步骤18：最后这个产品模块，有两种做法：一种是跟上面一样操作，添加"自定义模块"并加链接；另一种则是在"宝贝类"装修模块选择"智能双列"→"智能单列宝贝"，根据提示添加即可，如图14-2-15所示。

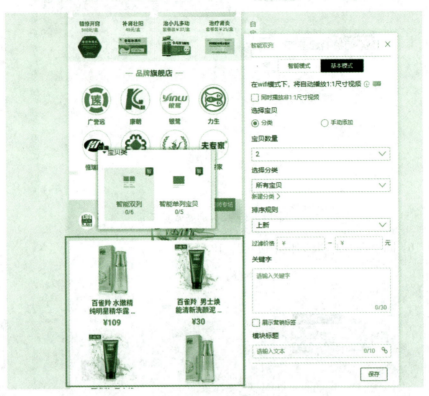

图14-2-15　产品模块

步骤19：完成了装修之后，点击右上角的"预览"可以扫码预览；点击【保存】可以保存操作但不发布。点击【备份】也可以保存操作，并拷贝。如图14-2-16所示，点击【发布】，可以选择"立即发布"与"定时发布"。到这里，无线端的店铺装修就完成了。

图14-2-16　保存/发布

项目十四 店铺装修

任务评价

项次	项目	要求	分值	得分
1	切片工具	图片分割大小合理,符合装修尺寸要求	20	
2	店铺装修页面	熟练掌握店铺装修打开方式与使用方法	80	
		合计	100	

能力拓展

扫描二维码,从素材库中下载对应的素材,上传装修无线端店铺首页。

装修

知识链接

1. 无线端装修注意事项及配色技巧:扫描二维码,学习相关文章。
2. 无线端店铺装修小贴士:扫描二维码,学习相关文章。

知识链接

附录 APPENDIX

课程标准

一、课程名称

网店视觉设计与应用

二、适用专业及面向岗位

适用于高职电子商务专业。主要面向医药企业美工设计岗位。

三、课程性质

本课程以店铺装修与视觉营销为立足点,以 Photoshop 为软件工具,结合丰富的理论知识和大量的精美案例,帮助学生快速、系统的深入了解视觉设计岗位的工作流程与相关标准化要求、网店设计思路,掌握淘宝天猫电商设计的流程与方法,使学生能够根据专题活动及产品视图要求等工作,完成店铺日常设计工作,提高学生适岗能力。

四、课程设计

(一)设计思路

本课程以实践为基础,遵循学生的认知规律和能力培养规律,根据大量的排版,配色等实操和学习任务的相互的衔接、支撑关系,以培养学生掌握 PS 应用软件的基础知识和使用方法以及电商美工的基础知识与设计方法,并能熟练运用所学习的知识和能力来指导实际工作,具备解决实际问题的基本能力为主线,明确每个任务的学习目标。

(二)内容组织

本课程的学习,能使学生了解大量的排版、配色等理论和思路,先通过选框、套索及魔棒工具介绍,图片裁剪与变形,图层运用,蒙版运用,画笔与渐变,修复工具等工具的运用,熟悉 PS 软件的使用。再通过店招,店铺首页,详情页,详情页关联,直通车,海报,合成海报等案例演示,逐步深入到典型的商业实战案例,教大家如何运用软件带动实践,利用色彩、图像、文字等创意排版增加商品与店铺的吸引力,通过视觉设计吸引消费者点击进入店铺,激发其购买欲,提高转化率,提升网店的品牌形象。培养学生从事相关岗位工作的职业道德,严谨的工作态度和良好的团队合作意识。

五、课程教学目标

(一)知识目标

1. 掌握设计思路、确定设计主题、创意构想等相关知识;
2. 掌握照片调色设计知识;
3. 掌握常见抠图技巧;
4. 掌握图片污点修复技巧;
5. 掌握校正产品色差技巧;
6. 掌握制作促销优惠券技巧;
7. 掌握制作金属质感文字技巧;
8. 掌握如何给人物添加自然的投影;
9. 掌握产品精修技巧;
10. 掌握人物精修技巧;
11. 掌握如何制作一张化妆品主图;
12. 掌握海报设计技巧;
13. 掌握专题活动设计知识;
14. 掌握店铺装修相关知识。

(二)能力目标

1. 会使用设计软件 PS 常用工具;
2. 会进行店铺主图店招店标设计;
3. 会进行首页详情页等页面设计;
4. 会进行店铺装修。

(三)素质目标

1. 具备认真负责的职业素养;
2. 具备岗位要求的良好职业道德素质;
3. 具备较强的责任意识和安全意识;
4. 具备善于分析问题并提出解决问题的方法专业素质;
5. 具备良好的沟通能力和文字表达能力。

六、参考学时与学分

参考学时:64 学时,参考学分:4 学分

七、课程结构

序号	学习任务(单元、模块)	项目名称	知识、技能、态度要求	教学活动设计	学时
1	网店视觉基础知识	色彩搭配	1. 海报背景色彩搭配：了解色彩的基础概念知识、色彩要素、冷暖、情感等；利用自由变换、色相/饱和度、图层样式、画笔工具、钢笔工具结合色彩知识设计海报背景； 2. 还原照片本色：分析并构思照片呈现画面色彩以及运用图层的混合模式配合画笔工具从局部开始上色，最后利用调整命令(例如色相/饱和度等)调整画面整体，追求自然和谐的画面效果，以完成黑白照片的上色；	讲授 实操演示 能力拓展 知识链接	8
		平面排版设计	3. 海报文案排版：使用文字工具以及蒙版等工具对海报文案进行排版，从中学会如何利用对比设计文案排版，通过知识延伸拓展认识文案与线框组合的技巧； 4. 单页画册设计：利用钢笔工具、剪贴蒙版、自由变换、形状工具结合完成单页的画册设计。从中获知文案排版的技巧(左对齐、右对齐、居中对齐、一级标题、二级标题)		
2	商品图片的基本处理	抠图	1. 规则形状抠图：了解什么是抠图，掌握规则形状抠图技巧，学会利用选框工具对规则图像进行抠图； 2. 透明物体抠图：听过利用图层蒙版、渐变工具、图层样式、钢笔工具搭配，掌握透明物体抠图技巧，学会利用填充蒙版颜色来改变图形的颜色和背景图； 3. 毛发抠图：学会如何选择不同的通道进行调节色阶，将通道的图像对比度拉建立选区进毛发的抠选，从而掌握毛发抠图技巧。常用的工具有：通道、色阶、加深工具、画笔工具、套索工具、渐变工具。通过知识链接学习，了解如何使用调整边缘处理复杂抠图；	讲授 实操演示 能力拓展 知识链接	16
		图片污点修复	4. 修复水印(去除文字)：了解什么是图片修复；学会利用修补工具对较大面积污点使用其他区域或图案中的像素来修复，同时掌握污点修复画笔工具的使用方法，掌握修复水印技巧；		
		校正产品色差与添加投影	5. 修复人像：利用污点修复工具、修复画笔工具、修补工具结合对图片中痘痘斑点等进行消除，掌握修复人像技巧。 6. 替换裤子颜色：了解色彩概述；精确色彩调整(色阶、曲线、色彩平衡、匹配颜色……)，学会利用通道进行抠选建立选区并填充相应颜色，掌握替换服装颜色的技巧方法；		

续 表

序号	学习任务（单元、模块）	项目名称	知识、技能、态度要求	教学活动设计	学时
		特效文字制作	7. 给人物添加投影：学会魔棒工具、快速选择工具、颜色叠加、自由变换、高斯模糊的使用方法，掌握修复工具修补工具的使用； 8. 金属质感文字制作：利用图层样式对文字进行设计，通过知识链接了解多种设计字体的创意方法(替换法、尖角法、截断法、书写体…)； 9. 霓虹灯字效制作：学会利用钢笔工具、色相/饱和度、自由变换完成霓虹灯字效的设计；		
		人物与产品精修	10. 人像磨皮：学会使用修复工具、修补工具、图章工具搭配使用进行瑕疵修复，掌握曲线、色彩平衡、可选颜色、自然饱和度的使用方法； 11. 化妆品产品精修：通过产品形体特征、明暗、光源的观察，运用钢笔工具、高斯模糊、图层样式等工具对化妆品进行精修		
3	网店视觉图片设计与应用	店标视觉图片设计	1. 女装店店标设计：熟悉店铺标志设计流程；掌握店铺标志设计的方法与技巧，常用工具有钢笔工具与自由变换； 2. 医药店铺店标设计：通过形状工具、钢笔工具、自由变换、文字工具结合设计医药店铺店标。学会通过知觉度与传达度的搭配，中英文结合以及形式排版来设计店标；	讲授 实操演示 能力拓展 知识链接	37
		店招视觉图片设计	3. 床上用品店招设计：学会使用文字工具、自由变换、形状工具设计床上用品店招，通过案例演示了解如何给不同店铺添加店招从知识链接获取店招的设计要诀(适合性、流行性、广告性……)； 4. 医药店铺店招设计：学会利用形状工具、自由变换、文字工具等工具设计医药店招。清晰的了解店招结构组成；		
		主图视觉图片设计	5. 面膜主图制作：了解主图设计要点；运用魔棒工具、画笔工具、色相/饱和度、自由变换、高斯模糊、文字工具等结合，掌握如何制作一张完整的主图； 6. 医药店铺主图设计：学会利用钢笔工具、文字工具、形状工具、自由变换等工具，通过整理需求、逻辑分析、内容表达、策划验证等步骤流程设计医药店铺主图； 7. 清新女装海报设计：熟悉海报设计要点；熟悉人像抠图技巧；掌握如何打造背景；掌握如何进行文字编辑；掌握如何添加装饰物；		

续 表

序号	学习任务(单元、模块)	项目名称	知识、技能、态度要求	教学活动设计	学时
		海报视觉图片设计	8. 医药店铺海报设计：利用蒙版、钢笔工具、画笔工具、文字工具、图层样式等工具，结合色彩的设计、以及背景组合完成一张海报设计；理解医药店铺海报设计的制作要点(色彩协调、文字排版、海报构图、背景制作)； 9. 女装详情页图片设计：学会使用文字工具、钢笔工具、自由变换、选框工具、形状工具等工具设计详情页。掌握详情页设计要点与方法；熟悉详情页设计制作实例；		
		详情页图片视觉设计	10. 医药店铺详情页图片设计：通过钢笔工具、文字工具、自由变换、选框工具、形状工具的结合，设计医药店铺详情页。掌握医药店铺详情页设计要点与制作方法；		
		首页图片视觉设计	11. 化妆品首页图片设计：通过实例演示设计了解如何进行店招设计；掌握如何进行导航设置；掌握如何进行海报设计；掌握如何进行背景设置；熟悉宝贝陈列以及如何进行页尾设计； 12. 医药店铺首页图片设计：通过钢笔工具、剪贴蒙版、色相/饱和度、文字工具、自由变换等工具结合，搭配店铺风格以及整体画面效果，设计医药店铺首页；		
		店铺装修	13. PC端店铺装修(医药店铺)：掌握代码基础知识；掌握如何用"小语言"给店铺装修活动页； 14. 无线端店铺装修(医药店铺)：掌握手机店铺装修要点；掌握如何进行手机淘宝首页装修；掌握如何进行手机详情页装修；掌握如何进行手机店铺其他装修		
4			机动		3
5			合计		64

八、资源开发与利用

(一) 教材编写与使用

遵循高职教育的原则与特点，根据现代学徒制电子商务专业人才培养要求与培养计划，校企合作选用、编写符合电子商务专业教学发展的总体思路、符合学生认知规律、能够与本专业的培养目标相吻合的教材。目前采用企业岗位案例为主的活页式教材，在此基础上编写适应现代学徒制的特色教材《网店视觉设计》。

(二)数字化资源开发与利用

校企共同开发利用教学课件、微课、视频等教学资源,让学生可利用校企共同开发的学习软件,手机移动端进行在线学习、答疑、知识考核评价等。

(三)企业岗位培养资源的开发与利用

利用企业资源,满足学员岗位实践的需要,根据企业产品和性质制定项目化教学内容,并关注学员职业能力的发展和教学内容的调整。

九、教学建议

本课程教为校企共同完成课程,企业导师发挥主体作用,主要采用案例教学、现场教学、任务训练、岗位实践等形式,重点培养学生产品详情设计、PC端店铺装修设计、专题活动与产品视图设计能力。学校导师以集中教学形式讲授产品详情设计、PC端店铺装修设计、专题活动与产品视图设计的基础知识,教学内容紧密联系医药电子商务行业日常工作要求,注重责任安全、职业素养的培养。

十、课程实施条件

导师团队应具医药电子商务教学和行业背景,有行业一线设计相关工作经验,熟悉本课程教学内容。技术先进,设施齐全,可满足学徒操作项目训练要求。

十一、教学评价

教学评价采取阶段性评价和目标评价相结合,理论考核与实践考核相结合,学员作品的评价与知识点考核相结合,并融入在岗位工作环境中考核学员的实操能力(业绩考核)。加强评价结果的反馈,更好地改善学员的学习态度,有效地促进学员的职业发展。

考核方式主要采用任务完成情况考核、业绩考核等,考核内容由校企双导师共同确定。

附录 课程标准

符合各项网店美工岗位任务要求

店铺装修
1. 了解PC端店铺装修要点;
2. 了解移动端店铺装修与PC端店铺装修的区别;
3. 掌握PC端移动端淘宝首页装修原则。

首页视觉设计
1. 通过任务了解店招设计方法;
2. 了解店铺中专题页图片的设计要点;
3. 掌握茶类首页图片的设计与排版方法;
4. 掌握店铺首页(专题页)图片设计技巧。

详情页视觉设计
1. 了解详情页的重要性;
2. 了解详情页模块的构成;
3. 掌握详情页设计要点,熟悉详情页设计制作步骤;
4. 了解详情页模块排版设计原则。

主图海报视觉设计
1. 了解主图设计要点,掌握如何制作一张完整的主图;
2. 熟悉海报设计要点,熟悉人像抠图技巧;
3. 理解医药店铺海报设计的制作要点。

店标店招视觉设计
1. 熟悉店铺标志的设计流程;
2. 通过案例了解店铺设计店标的方法;
3. 了解店招设计要点,了解店铺店招的结构组成;
4. 掌握店招的设计要诀。

商品图片的基本处理
1. 掌握修复工具修补工具的使用;
2. 学会利用钢笔工具、色相/饱和度工具,自由变换完成灯笼效果的设计;
3. 学会运用图层样式等方法完成精修化妆品图片。

网店视觉基础知识
1. 了解抠图概念;
2. 了解色彩概念,学会利用通道选取区域;
3. 了解图片修复概念,掌握修复印章的技巧;
4. 掌握替换服装颜色的技巧与方法。

首页视觉设计
1. 掌握导航设置方法;
2. 掌握文字工具与形状工具的使用;
3. 掌握背景设置方法、熟悉宝贝陈列以及页尾设计。

详情页视觉设计
1. 合理使用色相/饱和度调节详情页;
2. 掌握医药详情页设计要点并能独立制作详情页,能独立完成医药店铺详情页设计;
3. 学会剪贴蒙版,文字工具与形状工具的搭配设计。

主图海报视觉设计
1. 掌握打造背景以及文字编辑的方法;
2. 掌握加装饰物的方法;
3. 学会通过整理需求,内容表达,逻辑分析,验证流程策划完成医药店铺主图。

店标店招视觉设计
1. 学会使用文字工具、自由变换、形状工具设计床上用品店招;
2. 能独立完成店标志的设计。

商品图片的基本处理
1. 掌握修复工具以及修复版章文案排版;
2. 掌握文案与海报版面的组合、掌握视觉表现的技能;
3. 熟练掌握视觉表现的技能;
4. 掌握还原照片原色的技能。

网店视觉基础知识
1. 使用文字工具以及蒙版为海报文案排版;
2. 掌握文案与海报版面的组合、掌握视觉表现的技能;
3. 熟练掌握视觉表现的技能;
4. 掌握还原照片原色的技能。

店铺装修
1. 掌握代码基础知识、掌握如何给店铺装修活动使用"小语言";
2. 能独立完成移动端首页和店铺详情页和店铺装修设计;
3. 学会上传切片图片。

认识激发从业兴趣网店美工岗位
1. 了解色彩的基础概念、知识、色彩感要素,冷暖色情感等;
2. 了解照片原色的原理;
3. 了解分析与构思照片呈现画面色彩的方法;
4. 熟练掌握单页文案排版的原则。

图书在版编目(CIP)数据

网店视觉设计与应用/王子建,蔡静怡主编. —上海:复旦大学出版社,2020.8
电子商务专业校企双元育人教材系列
ISBN 978-7-309-15101-5

Ⅰ.①网… Ⅱ.①王… ②蔡… Ⅲ.①电子商务-网站-设计-职业教育-教材 Ⅳ.①F713.361.2 ②TP393.092

中国版本图书馆 CIP 数据核字(2020)第 099255 号

网店视觉设计与应用
王子建　蔡静怡　主编
责任编辑/张志军

复旦大学出版社有限公司出版发行
上海市国权路 579 号　邮编:200433
网址: fupnet@fudanpress.com　http://www.fudanpress.com
门市零售: 86-21-65102580　团体订购: 86-21-65104505
外埠邮购: 86-21-65642846　出版部电话: 86-21-65642845
上海四维数字图文有限公司

开本 787×1092　1/16　印张 15　字数 346 千
2020 年 8 月第 1 版第 1 次印刷

ISBN 978-7-309-15101-5/F·2704
定价:49.00 元

如有印装质量问题,请向复旦大学出版社有限公司出版部调换。
版权所有　侵权必究

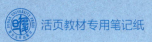

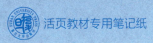

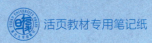